## 맛있는스쿨 단과 강좌 할인 쿠폰

**인강 할인 이벤트**

할인 코드: **jrchina03om**

단과 강좌 할인 쿠폰
## 20% 할인

### 할인 쿠폰 사용 안내
1. 맛있는스쿨(cyberjrc.com)에 접속하여 [회원가입] 후 로그인을 합니다.
2. 메뉴中[쿠폰]→하단[쿠폰 등록하기]에 쿠폰번호 입력→[등록]을 클릭하면 쿠폰이 등록됩니다.
3. [단과] 수강 신청 후, [온라인 쿠폰 적용하기]를 클릭하여 등록된 쿠폰을 사용하세요.
4. 결제 후, [나의 강의실]에서 수강합니다.

### 쿠폰 사용 시 유의 사항
1. 본 쿠폰은 맛있는스쿨 단과 강좌 결제 시에만 사용이 가능합니다.
2. 본 쿠폰은 타 쿠폰과 중복 할인이 되지 않습니다.
3. 교재 환불 시 쿠폰 사용이 불가합니다.
4. 쿠폰 발급 후 60일 내로 사용이 가능합니다.

*쿠폰 사용 문의 : 카카오톡 플친 @맛있는중국어jrc

---

## 맛있는톡 할인 쿠폰

**전화 화상 할인 이벤트**

할인 코드: **jrcphone2qsj**

전화&화상 외국어 할인 쿠폰
## 10,000원

### 할인 쿠폰 사용 안내
1. 맛있는톡 전화&화상 중국어(phonejrc.com), 영어(eng.phonejrc.com)에 접속하여 [회원가입] 후 로그인을 합니다.
2. 메뉴中[쿠폰]→하단[쿠폰 등록하기]에 쿠폰번호 입력→[등록]을 클릭하면 쿠폰이 등록됩니다.
3. 전화&화상 외국어 수강 신청 시 [온라인 쿠폰 적용하기]를 클릭하여 등록한 쿠폰을 사용하세요.

### 쿠폰 사용 시 유의 사항
1. 본 쿠폰은 전화&화상 외국어 결제 시에만 사용이 가능합니다.
2. 본 쿠폰은 타 쿠폰과 중복 할인이 되지 않습니다.
3. 교재 환불 시 쿠폰 사용이 불가합니다.
4. 쿠폰 발급 후 60일 내로 사용이 가능합니다.

*쿠폰 사용 문의 : 카카오톡 플친 @맛있는중국어jrc

\100만 독자의 선택/
# 맛있는 중국어 HSK 시리즈

## 기본서

- ▶ **시작**에서 **합격**까지 **4주** 완성
- ▶ **모의고사 동영상** 무료 제공(6급 제외)
- ▶ 기본서+해설집+모의고사 All In One 구성
- ▶ 필수 **단어장** 별책 제공

맛있는 중국어
HSK 1~2급 첫걸음

맛있는 중국어
HSK 3급

맛있는 중국어
HSK 4급

맛있는 중국어
HSK 5급

맛있는 중국어
HSK 6급

## 모의고사

맛있는 중국어
HSK 1~2급
첫걸음 400제

맛있는 중국어
HSK 3급 400제

맛있는 중국어
HSK 4급 1000제

맛있는 중국어
HSK 5급 1000제

맛있는 중국어
HSK 6급 1000제

- ▶ 실전 HSK **막판 뒤집기!**
- ▶ 상세하고 친절한 **해설집** PDF 파일 제공
- ▶ 학습 효과를 높이는 **듣기** MP3 파일 제공

## 단어장

맛있는 중국어
HSK 1~4급 단어장

맛있는 중국어
HSK 1~3급 단어장

맛있는 중국어
HSK 4급 단어장

맛있는 중국어
HSK 5급 단어장

- ▶ 주제별 분류로 **연상 학습** 가능
- ▶ HSK **출제 포인트**와 **기출 예문**이 한눈에!
- ▶ **단어 암기**부터 HSK **실전 문제 적용**까지 한 권에!
- ▶ 단어&예문 **암기 동영상** 제공

| | |
|---|---|
| 초판 1쇄 발행 | 2014년 2월 10일 |
| 초판 6쇄 발행 | 2022년 9월 15일 |

| | |
|---|---|
| 기획 | JRC 중국어연구소 |
| 저자 | 한민이 |
| 발행인 | 김효정 |
| 발행처 | 맛있는books |
| 등록번호 | 제2006-000273호 |
| 편집 | 최정임 \| 연윤영 |
| 디자인 | 이솔잎 |
| 제작 | 박선희 |
| 영업 | 김보영 |
| 마케팅 | 장주연 |
| 삽화 | 멍은하 |
| 녹음 | 한국어 김효정 |
| | 중국어 陈争辉 \| 于海峰 \| 曹红梅 |

| | |
|---|---|
| 주소 | 서울 서초구 명달로 54 JRC빌딩 7층 |
| 전화 | 구입 문의 02.567.3861 \| 02.567.3837 |
| | 내용 문의 02.567.3860 |
| 팩스 | 02.567.2471 |
| 홈페이지 | www.booksJRC.com |
| ISBN | 978-89-98444-09-9 14720 |
| | 978-89-98444-05-1 (세트) |
| 정가 | 14,500원(MP3 파일 무료 다운로드 포함) |

Copyright © 2014 맛있는books

출판사의 허락 없이 이 책의 일부 또는 전부를 무단 복사·복제·전재·발췌할 수 없습니다.
잘못된 책은 구입처에서 바꿔 드립니다.

## 머리글

**21세기에** 들어서면서 세계 경제의 흐름은 누가 뭐라고 해도 중국을 빼놓고는 말할 수 없게 되었지요. 얼마 전까지만 해도 경제 대국의 왕좌를 내놓을 것 같지 않던 미국이 휘청하면서, 2017년에는 중국이 세계 경제 최강국이 될 거라는 예측까지 나오고 있는 추세이니, 중국의 위력에 다시 한 번 놀라게 됩니다.

**1992년** 한중 수교 이후 20여 년 동안, 한중 관계는 꾸준히 발전해 왔고, 중국은 이제 명실 공히 한국 제1의 무역·투자·관광 대상국이 되어, 우리와 갈수록 더 밀접한 관계를 유지하고 있지요. 상황이 이렇다 보니 대중국 사업에 종사하는 분들에게 있어 '중국어'는 더 이상 '제2외국어'가 아닌 꼭 필요한 '무기'로 여겨지고 있는 게 사실입니다.

**하지만,** 안타깝게도 여전히 많은 분들이 중국어는 어려울 거라는 선입견에 사로잡혀 '중국어 학습'에 선뜻 도전하지 못하고, 특히 비즈니스 중국어라면 머리부터 절레절레 흔드시기도 하는데요, 물론 장소를 협상 테이블로 옮긴다면 약간의 전문 용어가 필요하겠지만, 일반적인 직장 생활에서라면 간단한 기초 회화 단어로도 충분히 대화를 할 수 있지요.

다만 중국인들과 업무 협조할 때나 협상 등을 진행할 때는 양국 간의 국민성이나 문화 차이로 인해 오해가 생길 수 있는 부분이 있으니 평소에 중국인의 사고방식이나 중국의 문화, 역사에 대해 공부해 두시면 도움이 많이 됩니다.

**이 책은** 필자가 중국 비즈니스를 하면서 얻은 실전 경험을 바탕으로, 1. 일상에서 업무 협상까지 현실적이고 공감할 수 있는 상황 설정 2. 쉽고 간단한 용어 사용 3. 각 과별 실전 비즈니스에 꼭 필요한 단어, 표현, 문화 지식 등의 자료를 제공하여 학습자들이 필요할 때 적절히 응용할 수 있도록 구성되어 있습니다. 그러니 이젠 비즈니스 중국어에 대한 두려움은 버리시고 친구를 만나듯 편하게 손을 내밀어 보세요.

**JRC북스와** 필자가 정성을 다해 독자 여러분의 마음으로 지은 『맛있는 비즈니스 중국어』 시리즈가 여러분의 대중국 비즈니스 업무에 '자신감'과 '작은 힘'을 실어 드릴 수 있었으면 좋겠습니다.

끝으로 너무나 재미난 작업을 할 수 있는 기회를 주신 JRC북스 김효정 원장님과 편집의 여왕 최정임 과장님께 진심으로 감사드립니다.

한민이

| | | | |
|---|---|---|---|
| 머리글 | 3 | 학습 내용 | 6 |
| 이 책의 구성 | 10 | 일러두기 | 13 |

### 01과 바이어 내한
**明天就谈订单的事吧。** 14
내일 바로 주문에 관해 얘기하죠.
동사 包括 | 부사 恐怕 | 형용사 难得 | 이중부정 非……不可

### 02과 협의
**这批货不如上一批货好。** 24
이번 물건은 지난번 것보다 못해요.
부사 按时 | 除了……以外, 还…… | 부사 重新 | 以……为……

### 03과 바이어 접대
**有朋自远方来，不亦乐乎?** 34
벗이 먼 곳에서 찾아오니, 이 또한 기쁘지 않겠어요?
确实의 용법 | 请笑纳 | 동사 属于 | 동사 当
⊕ 정보 대표 중국 음식   단어 한국 음식

### 04과 이메일
**贵公司发的邮件已经收到了。** 46
귀사에서 보낸 메일은 이미 받았습니다.
동사 以为 | 전치사 按照 | 及时의 용법 | 형용사 难免

### 05과 팩스
**贵公司的传真号码没有变化吧?** 56
귀사의 팩스 번호는 바뀌지 않았지요?
부사 尽快 | 동사 争取 | 不是……吗? | 부사 尽管
⊕ 정보 실전 문서❶ 이메일   단어 이메일

### 06과 샘플 요청
**后天就把样品寄给你们。** 68
모레 샘플을 부쳐 줄게요.
A是A, 不过…… | 对……来说 | 不一定 | 一边……一边……

### 07과 샘플 평가
**两家的样品没什么差别。** 78
두 회사의 샘플은 별 차이가 없어요.
海归 | 부사 光 | 没的说 | 包在……身上
⊕ 정보 다양한 샘플 원료&각종 명칭   단어 단위

### 08과 전시회 준비
**这个展会的知名度很高。** 90
이 전시회의 지명도는 높아요.
동사 主办 | 不仅……也 | 동사 为止 | 정도부사 蛮

### 09과 전시회 상담
**欢迎您光顾我们的展区。** 100
저희 전시 부스에 오신 것을 환영합니다.
大部分 | 동사 接受 | 명사 印象 | 好说
⊕ 정보 중국의 전시회   단어 전시회

| 10과 견적서 | 我们报的是成交价格。 저희가 제시한 것은 거래 가격입니다. | 112 |
|---|---|---|
| | 부사 难以 | 동사 便于 | 부사 不断 | 부사 反正 | |

| 11과 가격 협상 | 我们两家各让5美元吧。 우리가 각각 5달러씩 양보하죠. | 122 |
|---|---|---|
| | 不是……而是…… | 부사 只好 | 连……都…… | 不就完了吗? | ➕ 정보 실전 문서❷ 견적서<br>단어 견적서 |

| 12과 주문 | 这种产品的起订量是一万件。 이 제품의 최저 주문량은 만 벌입니다. | 134 |
|---|---|---|
| | 부사 逐渐 | 형용사 够呛 | 부사 白 | 泡汤 | |

| 13과 물품 인도 | 下一批可以按时交货吧? 다음 물량은 예정대로 납품하실 수 있죠? | 144 |
|---|---|---|
| | 동사 提前 | 不成问题 | 一如既往 | 동사 答应 | |

| 14과 지불 방식 | 你们开立信用证了吗? 신용장은 개설하셨나요? | 154 |
|---|---|---|
| | 采用……方式 | 在……内 | 影响의 용법 | 동사 超过 | ➕ 정보 실전 문서❸ 주문서<br>단어 인도 조건&결제 방식 |

| 15과 포장 | 这次最好采用悬挂式包装。 이번에는 옷걸이에 걸어 포장하는 게 좋겠습니다. | 166 |
|---|---|---|
| | 一般来说 | 대명사 任何 | 吃不消 | 去你的 | |

| 16과 선적 | 这批货从上海港装船。 이번 화물은 상하이항에서 선적합니다. | 176 |
|---|---|---|
| | 동사 预计 | 명사 下面 | 전치사 由 | 以便 | ➕ 정보 포장 관련 표시<br>단어 포장 |

| 17과 계약 체결 | 明天我们就签合同吧。 내일 바로 계약합시다. | 188 |
|---|---|---|
| | 동사 指出 | 형용사 所有 | 전치사 对于 | 동사 失陪 | |

| 18과 클레임 | 贵公司必须得赔偿。 귀사에서 반드시 손해 배상을 하셔야 합니다. | 198 |
|---|---|---|
| | 因为……而…… | 접속사 不管 | 전치사 经过 | 부사 另外 | ➕ 정보 실전 문서❹ 계약서<br>단어 계약서 |

### 부록

| 정답 및 해석 | 212 |
|---|---|
| 찾아보기 | 236 |

# Level 4 실전 업무

| 주제 | | 단원명 | 핵심 회화 | 핵심 구문 | 어법 포인트 |
|---|---|---|---|---|---|
| 바이어 내한 | 1과 | 明天就谈订单的事吧. 내일 바로 주문에 관해 얘기하죠. | · 바이어 도착 날짜 확인하기<br>· 바이어 마중가기<br>· 바이어 만나기 | · 我恐怕去不了了，明天中午有客人要来。<br>· 大家都是做生意的，可以理解。<br>· 你也难得来一次，就多呆几天吧。 | 동사 包括 │ 부사 恐怕 │ 형용사 难得 │ 이중부정 非……不可 |
| 협의 | 2과 | 这批货不如上一批货好. 이번 물건은 지난번 것보다 못해요. | · 물품 수량 늘리기<br>· 가공에 대해 물어보기<br>· 제품 품질에 관해 이야기하기 | · 下星期能按时交货。<br>· 我们先看看市场的反应再说吧。<br>· 做生意嘛，应该以信誉为本。 | 부사 按时 │ 除了……以外, 还…… │ 부사 重新 │ 以……为…… |
| 바이어 접대 | 3과 | 有朋自远方来，不亦乐乎? 벗이 먼 곳에서 찾아오니, 이 또한 기쁘지 않겠어요? | · 바이어와 쇼핑가기<br>· 바이어에게 선물하기<br>· 바이어와 식사하기 | · 这是我们给你们准备的礼物，请笑纳!<br>· 有些地方招待不周，请多多包涵。<br>· 祝你生意红火腾腾起，财运亨通步步。 | 确实의 용법 │ 请笑纳 │ 동사 属于 │ 동사 当 |
| 이메일 | 4과 | 贵公司发的邮件已经收到了. 귀사에서 보낸 메일은 이미 받았습니다. | · 메일 수신 확인하기<br>· 메일 내용 확인하기<br>· 내용에 오류 사항이 있을 때 | · 你发的邮件已经收到了。<br>· 有什么问题及时跟我联系。<br>· 你好好看邮件内容，然后答复我们吧。 | 동사 以为 │ 전치사 按照 │ 及时의 용법 │ 형용사 难免 |
| 팩스 | 5과 | 贵公司的传真号码没有变化吧? 귀사의 팩스 번호는 바뀌지 않았지요? | · 팩스 수신 확인하기<br>· 팩스 번호 확인하기<br>· 추가 요청 사항 보내기 | · 这是我们的询价单。<br>  希望你们能尽快答复我们。<br>· 我就静候佳音。<br>· 您还有什么吩咐尽管说。 | 부사 尽快 │ 동사 争取 │ 不是……吗? │ 부사 尽管 |
| 샘플 요청 | 6과 | 后天就把样品寄给你们. 모레 샘플을 부쳐 줄게요. | · 다른 업체의 샘플을 받았을 때<br>· 샘플 추가 요청하기<br>· 요청한 샘플 제작이 어려울 때 | · 再给我们几件样品，好吗?<br>· 说实在的，那种布料现在很难找。<br>· 那也没关系。你先帮我们找一找。 | A是A, 不过…… │ 对……来说 │ 不一定 │ 一边……一边…… |
| 샘플 평가 | 7과 | 两家的样品没什么差别. 두 회사의 샘플은 별 차이가 없어요. | · 샘플 도착 날짜 확인하기<br>· 샘플 비교하기<br>· 샘플 관련하여 보고하기 | · 质量可以，价格方面也能接受。<br>· 我们也得慎重考虑成本。<br>· 这件事，就包在你身上了。 | 海归 │ 부사 光 │ 没的说 │ 包在……身上 |
| 전시회 준비 | 8과 | 这个展会的知名度很高. 이 전시회의 지명도는 높아요. | · 국제 의류 전시회에 대해 이야기할 때<br>· 전시회 기본 부스에 대해 이야기할 때<br>· 의류 전시회에 대해물을 때 | · 这个展会是哪个单位主办的?<br>· 标准展位包括哪些设施?<br>· 报名截止日期为8月30号。 | 동사 主办 │ 不仅……也 │ 동사 为止 │ 정도부사 蛮 |
| 전시회 상담 | 9과 | 欢迎您光顾我们的展区. 저희 전시 부스에 오신 것을 환영합니다. | · 타사 제품에 대해 문의할때<br>· 타사 제품의 샘플을 요청할 때<br>· 타 업체 방문 날짜 잡기 | · 我们的产品大部分都是出口的。<br>· 我们收费提供样品。<br>· 我想直接去你们公司参观参观。 | 大部分 │ 동사 接受 │ 명사 印象 │ 好说 |

| 주제 | | 단원명 | 핵심 회화 | 핵심 구문 | 어법 포인트 |
|---|---|---|---|---|---|
| 견적서 | 10과 | 我们报的是成交价格。<br>저희가 제시한 것은 거래 가격입니다. | • 오퍼 유효 기간 확인하기<br>• 견적가 조정하기<br>• 견적가 협상하기 | • 你们的报价有效期是几天?<br>• 如果你们的价格合理, 我们可以马上订货。<br>• 希望你们提出一个更加合理的价格。 | 부사 难以 \| 동사 便于 \| 부사 不断 \| 부사 反正 |
| 가격 협상 | 11과 | 我们两家各让5美元吧。<br>우리가 각각 5달러씩 양보하죠. | • 협상 조건 조정하기<br>• 거래가 성사됐을 때<br>• 가격 협상하기 | • 我们两家的差距太大了, 我们无法接受。<br>• 这能够跟贵公司合作, 让我很高兴<br>• 这次一旦成交, 后面还有很多订呢。 | 不是……而是…… \| 부사 只好 \| 连……都……不就完了吗? |
| 주문 | 12과 | 这种产品的起订量是一万件。<br>이 제품의 최저 주문량은 만 벌입니다. | • 주문량 협상하기<br>• 주문 체결하기<br>• 주문한 물품을 취소할 때 | • 这种产品的起订量是一万件。<br>• 中国俗话里有一句:<br>"计划不如变化快"嘛。<br>• 今天的质量, 是明天的市场! | 부사 逐渐 \| 형용사 够呛 \| 부사 白 \| 泡汤 |
| 물품 인도 | 13과 | 下一批可以按时交货吧?<br>다음 물량은 예정대로 납품하실 수 있죠? | • 납품 날짜 조정하기<br>• 납품 날짜 확인하기<br>• 납품 일자 앞당기기 | • 这货2月底我们必须投放市场。<br>• 感谢贵公司的配合和大力支持。<br>• 如果不能及时投放市场, 就可能滞销。 | 동사 提前 \| 不成问题 \| 一如既往 \| 동사 答应 |
| 지불 방식 | 14과 | 你们开立信用证了吗?<br>신용장은 개설하셨나요? | • 지불 방식 물어보기<br>• 신용장 개설 확인하기<br>• 업체 지불 방식 문의하기 | • 我们采用不可撤消的信用证。<br>• 信用证应该在装船后15天内有效。<br>• 这样贵公司应该4月初开立信用证。 | 采用……方式 \| 在……内 \| 影响의 용법 \| 동사 超过 |
| 포장 | 15과 | 这次最好采用悬挂式包装。<br>이번에는 옷걸이에 걸어 포장하는 게 좋겠습니다. | • 포장 방식에 대해 물을 때<br>• 아웃 박스 디자인에 대해<br>• 제품 포장에 대해 논의하기 | • 这应该不会出现任何问题。<br>• 我们希望这次你们最好采用悬挂式包装。<br>• 外箱设计方面有什么变动, 尽快通知我们。 | 一般来说 \| 대명사 任何 \| 吃不消 \| 去你的 |
| 선적 | 16과 | 这批货从上海港装船。<br>이번 화물은 상하이항에서 선적합니다. | • 분할 선적 요청하기<br>• 선적 장소에 대해 묻기<br>• 선적 문제에 대해 | • 这批货量大我们想分批装运。<br>• 下面我们该说装船问题了。<br>• 你们什么都不用担心, 我们一定处理好。 | 동사 预计 \| 명사 下面 \| 전치사 由 \| 以便 |
| 계약 체결 | 17과 | 明天我们就签合同吧。<br>내일 바로 계약합시다. | • 계약서 살펴보기<br>• 이메일로 계약서 받기<br>• 계약 조항 수정하기 | • 你看合同上有没有意见不一致的地方?<br>• 这是合同草案。请仔细看看条款内容。<br>• 现在合同上的所有问题都解决了, 咱们可以签字了。 | 동사 指出 \| 형용사 所有 \| 전치사 对于 \| 동사 失陪 |
| 클레임 | 18과 | 贵公司必须得赔偿。<br>귀사에서 반드시 손해 배상을 하셔야 합니다. | • 제품 포장에 문제가 생겼을 때<br>• 업체에 손해배상을 요구할때<br>• 불량 제품 반품 처리를 요청할 때 | • 这既然是我们的问题我们一定承担责任。<br>• 这批货没法投放市场了。<br>• 不做则已, 要做就必须做好。 | 因为……而…… \| 접속사 不管 \| 전치사 经过 \| 부사 另外 |

## 학습 내용 Level ①②③

| 과 | | 학습 포인트 |
|---|---|---|
| **Level 1 첫걸음** | | |
| 인사 | 1 | 회화 ❶ 처음 만났을 때 ❷ 오랜만에 만났을 때 ❸ 감사 인사 ❹ 미안할 때<br>어법 인칭대명사 \| 3성의 성조 변화 \| 不의 성조 변화 |
| 인사 | 2 | 회화 ❶ 아침 인사 ❷ 헤어질 때 ❸ 축하 인사 ❹ 신년 인사<br>어법 이름이나 지명의 특수한 성조 \| 격음부호 \| 4성의 성조 변화 |
| 소개 | 3 | 회화 ❶ 성씨 묻기 ❷ 이름 묻기 ❸ 국적 묻기<br>어법 의문대명사 什么 \| 是자문 \| 吗로 묻는 의문문 |
| 소개 | 4 | 회화 ❶ 명함 주고받기 ❷ 호칭 묻기 ❸ 첫 만남<br>어법 지시대명사 \| 구조조사(结构助词) 的(1) \| 의문사 怎么 |
| 소개 | 5 | 회화 ❶ 자기 소개 ❷ 동료 소개 ❸ 가족 묻기<br>어법 양사(量词)와 명량사(名量词) \| 有자문 \| 几로 묻는 의문문 |
| 직장<br>생활 | 6 | 회화 ❶ 직업 묻기 ❷ 직장 묻기 ❸ 회사 상황 묻기<br>어법 전치사 在 \| 형용사술어문 |
| 직장<br>생활 | 7 | 회화 ❶ 부서 묻기 ❷ 직책 묻기 ❸ 임금·보너스 묻기<br>어법 주술술어문 \| 정반의문문(正反疑问句) |
| 직장<br>생활 | 8 | 회화 ❶ 출근제 묻기 ❷ 출퇴근 시간 묻기 ❸ 점심 시간 묻기<br>어법 시간 읽는 법 \| 하루의 시간대 |
| 약속 | 9 | 회화 ❶ 연도 묻기 ❷ 월·일·요일 묻기 ❸ 약속하기<br>어법 월·일·요일 표현법 |
| 일상<br>생활 | 10 | 회화 ❶ 날씨 묻기 ❷ 공휴일 묻기 ❸ 계절 묻기<br>어법 부정양사(不定量词) \| 동사 喜欢의 용법 \| 선택의문문 \| 의문대명사 为什么 |
| 일상<br>생활 | 11 | 회화 ❶ 좋아하는 운동 묻기 ❷ 교육에 대해 묻기 ❸ 취미 묻기<br>어법 조동사 会 \| 부사 都 \| 연동문(连动句)(1) |
| 일상<br>생활 | 12 | 회화 ❶ 퇴근 후의 일정 묻기 ❷ 주말 스케줄 묻기 ❸ 휴가 스케줄 묻기<br>어법 전치사 跟 \| 조동사 想의 용법 \| 자동사와 타동사 |
| 장소<br>위치 | 13 | 회화 ❶ 사무용품의 위치 묻기 ❷ 부서 위치 묻기 ❸ 자리 묻기<br>어법 방위사 |
| 장소<br>위치 | 14 | 회화 ❶ 회사 위치 묻기 ❷ 회사 부대 시설 묻기 ❸ 회사 찾아가기<br>어법 从……到…… \| 吧의 여러 가지 용법 \| 전치사 离 \| 전치사 给 |
| 쇼핑 | 15 | 회화 ❶ 물건 찾기 ❷ 옷 입어 보기 ❸ 과일 사기<br>어법 조동사 可以 \| 多少로 묻는 의문문 \| 인민폐 읽는 법 |
| 쇼핑 | 16 | 회화 ❶ 흥정하기 ❷ 지불하기 ❸ 쇼핑하기<br>어법 할인 표현법 \| 동격어(同位词语) \| 조동사 要 |
| 회식 | 17 | 회화 ❶ 회식 시간 잡기 ❷ 식당 가기 ❸ 음식 정하기<br>어법 동사 觉得 \| 의문사 什么时候 \| 연동문(2) |
| 회식 | 18 | 회화 ❶ 차 마시기 ❷ 술 종류 묻기 ❸ 음식에 관해 대화하기<br>어법 조동사 应该 \| 구조조사 的(2) \| 부사 有点儿 |
| **Level 2 일상 업무** | | |
| 소개<br>안부 | 1 | 회화 ❶ 신입 사원 소개하기 ❷ 회사 소개하기 ❸ 제품에 대해 묻기<br>어법 了의 용법 |
| 소개<br>안부 | 2 | 회화 ❶ 업체 직원에 대해 물을 때 ❷ 길에서 지인을 만날 때 ❸ 다른 회사에서 지인을 만날 때<br>어법 정도보어(程度补语) |
| 통신<br>수단 | 3 | 회화 ❶ 전화번호 묻기 ❷ 담당자 찾기 ❸ 전화를 잘못 걸었을 때<br>어법 결과보어(结果补语) |
| 통신<br>수단 | 4 | 회화 ❶ 이메일 주소 묻기 ❷ 팩스 번호 묻기 ❸ 이메일 요청하기<br>어법 가능보어(可能补语) |
| 통신<br>수단 | 5 | 회화 ❶ 내선으로 돌릴 때 ❷ 부재 중 메시지를 남길 때 ❸ 메시지 내용을 전달할 때<br>어법 진행문 \| 겸어문(兼语句) |
| 사교 | 6 | 회화 ❶ 나이 묻기 ❷ 띠 묻기 ❸ 신변잡기 묻기<br>어법 의문부사 多로 묻는 의문문 \| 比를 쓰는 비교문 \| 수량보어(数量补语) |
| 사교 | 7 | 회화 ❶ 여행 경험을 물을 때 ❷ 요리에 대해 이야기할 때 ❸ 숫자에 대해 이야기할 때<br>어법 동태조사 过 |
| 교통 | 8 | 회화 ❶ 출퇴근 교통수단을 물을 때 ❷ 차가 막힐 때 ❸ 출퇴근 소요 시간을 물을 때<br>어법 是……的 강조 용법 \| 동태조사 着(1) \| 시간보어(时间补语) |
| 교통 | 9 | 회화 ❶ 길 묻기 ❷ 길을 잃었을 때 ❸ 택시 타기<br>어법 전치사 往 \| 시간보어를 쓰는 문장의 의문문 \| 得의 여러 가지 용법 |

| 과 | | 학습 포인트 | 과 | | 학습 포인트 |
|---|---|---|---|---|---|
| 회의 | 10 | 회화 ❶ 회의 시간 확인하기 ❷ 회의 시간 변경하기 ❸ 미팅 시간 확인하기<br>어법 방향보어(趨向补语) | 호텔 | 5 | 회화 ❶ 호텔 예약 확인하기 ❷ 조식 포함 확인하기 ❸ 체크인하기<br>어법 동사 帮 \| 동사 숨 \| 부사 最好 \| 동사 打算 |
| | 11 | 회화 ❶ 회의 자료 준비하기 ❷ 참가 인원 확인하기 ❸ 회의 안건에 대해 토론하기<br>어법 把자문 | | 6 | 회화 ❶ 인터넷 가능 여부 확인하기 ❷ 비즈니스 센터 이용하기 ❸ 호텔 근처 관광지 묻기<br>어법 부사 随时 \| 동사 等 \| 부사 大概 \| 형용사 多 |
| 일상<br>업무 | 12 | 회화 ❶ 사무기기가 고장 났을 때 ❷ 사무 용품 절약하기 ❸ 컴퓨터가 바이러스에 감염됐을 때<br>어법 형용사의 중첩 \| 被자문 | | 7 | 회화 ❶ 영수증 발급을 요구할 때 ❷ 호텔에 짐을 맡길 때 ❸ 체크아웃 하기<br>어법 동사 开 \| 到时候 \| 부사 好像 \| 방향보어 下来 |
| | 13 | 회화 ❶ 휴가 신청하기 ❷ 임금 인상에 대해 ❸ 승진을 축하할 때<br>어법 동사 听说 \| 2음절 동사의 중첩 \| 只要……就…… | 바이어<br>미팅 | 8 | 회화 ❶ 미팅 시간 잡기 ❷ 약속 잡기 ❸ 픽업 시간 조율하기<br>어법 这么巧 \| 安排의 용법 \| 부사 可 \| 접속사 既然 |
| | 14 | 회화 ❶ 업무 진행 상황 확인하기 ❷ 타 부서에 협조 요청하기 ❸ 해외 영업에 문제가 생겼을 때<br>어법 자주 쓰이는 가능보어 \| 越来越 | | 9 | 회화 ❶ 중국 업체 직원과 인사하기 ❷ 회사에 대해 물어보기 ❸ 신제품 소개하기<br>어법 到……来 \| 동사 下海 \| 동사 面向 \| 那还用说 |
| 주식<br>은행 | 15 | 회화 ❶ 주식 시장에 대해 ❷ 환율 물어보기 ❸ 부동산에 대해<br>어법 조사 地 \| 접속사 却 \| 동사 再说 | 공장<br>견학 | 10 | 회화 ❶ 대리상에 관해 물어보기 ❷ 중국 회사 상황 물어보기 ❸ 제품 관련 대화하기<br>어법 동사 算 \| 접속사 同时 \| 受……欢迎 \| 부사 毕竟 |
| | 16 | 회화 ❶ 계좌 만들기 ❷ 환전하기 ❸ 송금하기<br>어법 先……，然后(再)…… \| 부사 必须 \| 부사 再와 又 | | 11 | 회화 ❶ 직영점 둘러보기 ❷ 공장 둘러보기 ❸ 대리상 계약 조건 이야기하기<br>어법 전치사 为 \| 대동사 搞 \| 有道理 \| 형용사 差不多 |
| 중국<br>문화 | 17 | 회화 ❶ 생일에 대해 ❷ 추석에 대해 ❸ 중국 설 풍습에 대해<br>어법 임박태 용법 | 접대 | 12 | 회화 ❶ 자리 배정하기 ❷ 못 먹는 음식이 나왔을 때 ❸ 식사하며 대화하기<br>어법 为……洗尘 \| 접속사 不过 \| 동사 숨 \| 부사 简直 |
| | 18 | 회화 ❶ 주거 문화에 대해 ❷ 중국인의 금기를 물을 때 ❸ 중국인의 결혼식에 대해<br>어법 형용사 一般 \| 대명사 人家 \| 동태조사 着(2) | | 13 | 회화 ❶ 술을 권할 때 ❷ 술을 못 마실 상황일 때 ❸ 술자리에서 대화하기<br>어법 동사 陪 \| 以茶代酒 \| 说实话 \| 对……表示 |
| **Level 3 중국 출장** | | | 쇼핑 | 14 | 회화 ❶ 제품을 문의할 때 ❷ 영수증이 있을 때 환불 받기 ❸ 영수증 없이 환불하려고 할 때<br>어법 这我不太清楚 \| 没法 \| 부사 一律 \| 实在의 용법 |
| 공항<br>기내 | 1 | 회화 ❶ 부치는 짐이 없을 때 ❷ 탑승 시간 물어보기 ❸ 탑승 수속하기<br>어법 什么的 \| 是의 강조 용법 \| 麻烦你 \| 동사 靠 | | 15 | 회화 ❶ 사이즈 교환하기 ❷ 다른 디자인으로 교환하기 ❸ 선물 고르기<br>어법 이중부정 不……不…… \| 像……一样 \| 怪不得 \| 各의 용법 |
| | 2 | 회화 ❶ 기내 안전 수칙 지키기 ❷ 승무원에게 요구 사항이 있을 때 ❸ 기내 서비스 이용하기<br>어법 접속사 还有 \| 부사 顺便 \| 没问题 \| 부사 稍 | 귀국 | 16 | 회화 ❶ OPEN 티켓 예약하기 ❷ 티켓 예약 재확인하기 ❸ 배웅하기<br>어법 동사 往返 \| 替의 용법 \| 전치사 向 \| 一路平安 |
| 만남<br>이동 | 3 | 회화 ❶ 입국장에서 늦게 나올 때 ❷ 업체 직원을 못 만났을 때 ❸ 업체 직원과 만나기<br>어법 부사 刚 \| 부사 早就 \| 부사 亲自 \| 조사 嘛 | | 17 | 회화 ❶ 기내 반입 금지 물품을 들고 있을 때 ❷ 짐이 중량을 초과했을 때 ❸ 안전 검사를 할 때<br>어법 동사 不许 \| 不会吧 \| 동사 省 \| 怎么回事 |
| | 4 | 회화 ❶ 공항 리무진 타기 ❷ 공항에서 택시 타기 ❸ 숙소로 이동하기<br>어법 ……就行 \| 접속사 要是 \| 접속사 要不 \| 부사 还是 | 출장<br>보고 | 18 | 회화 ❶ 출장에서 돌아왔을 때 ❷ 업체를 평가할 때 ❸ 출장 결과에 대해 보고할 때<br>어법 斤斤计较 \| 접속사 而且 \| 전치사 根据 \| 동사 说明 |

# 이 책의 구성

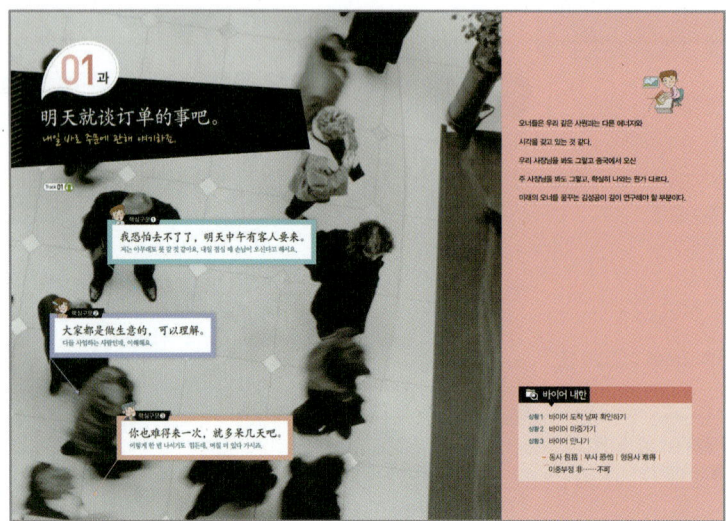

### 핵심 구문

회화의 주요 핵심 구문이 각 상황별로 제시되어 있습니다. 생동감 넘치는 사진과 주인공 김성공의 재치 있는 이야기를 함께 담아 중국어 문장을 쉽게 이해할 수 있습니다.

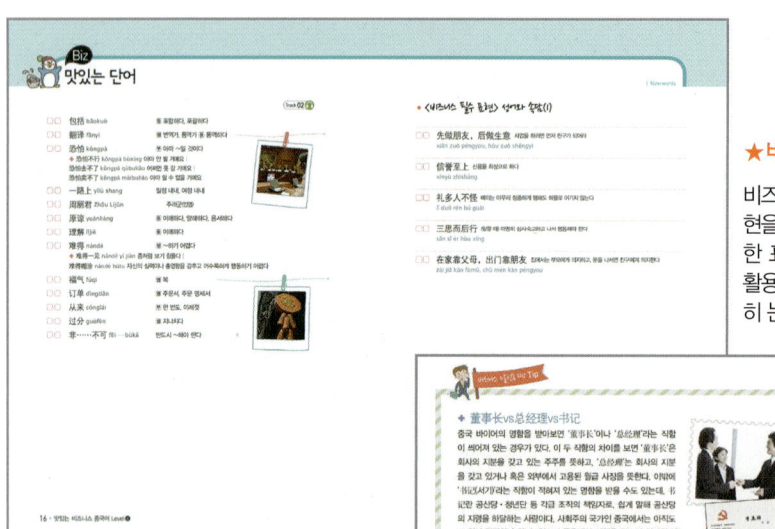

### ★ 비즈니스 필수 표현

비즈니스와 관련된 성어와 속담, 표현을 제시하였습니다. 자신에게 필요한 표현들을 외워 두어 상황에 맞게 활용한다면, 중국 바이어에게 확실히 눈도장을 찍을 수 있을 거예요.

### 맛있는 단어

각 과의 새 단어가 일목요연하게 정리되어 있습니다. 연관 단어가 함께 제시되어 있어 단어 학습에 효과적입니다.

중국 바이어와 거래 시 반드시 알아야 할 점부터 그들을 사로잡는 비법까지 중국인들만의 비즈니스 특성을 담았습니다.

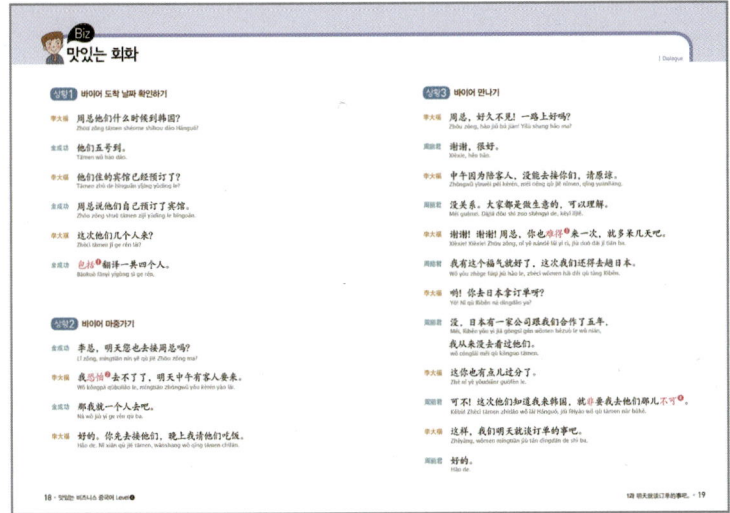

 **맛있는 회화**

중국 바이어와의 만남부터 계약까지, 비즈니스 현장에서 가장 많이 일어나는 핵심 상황들로 구성하였습니다. 중국인의 언어 습관이 반영된 다양한 회화문을 통해 의사소통 능력을 향상시켜 보세요.

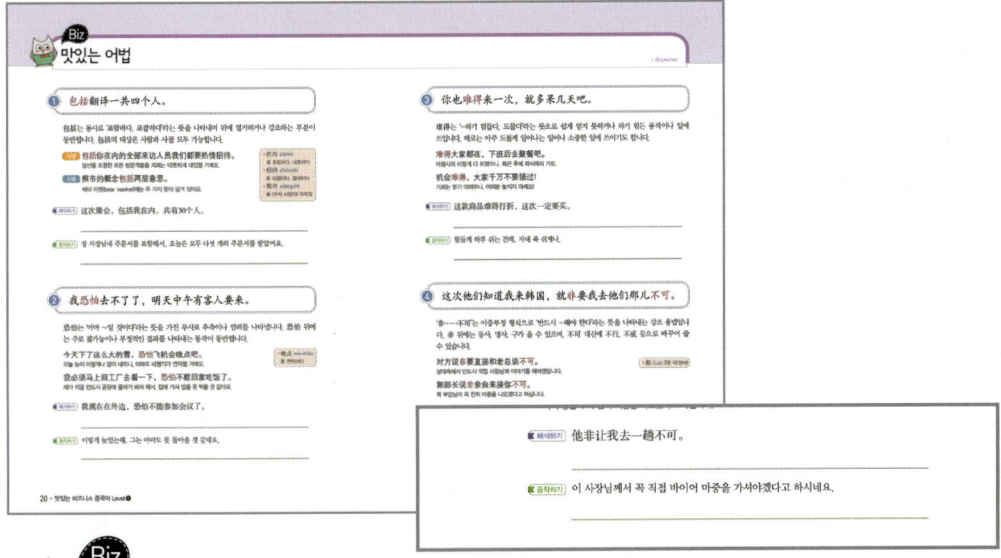

**맛있는 어법**

회화문에 제시된 핵심 어법을 쉬운 설명과 활용도 높은 예문을 통해 한번에 정리할 수 있습니다.

**★해석하기/중작하기**

그날 배운 어법 내용을 〈해석하기〉와 〈중작하기〉 문제를 풀어 보며 복습할 수 있습니다. 틀린 문제는 다시 한번 공부하여 자신의 것으로 확실히 만들어 보세요.

# 이 책의 구성

### 연습 문제

녹음 내용 듣고 알맞은 답 고르기, 대화 완성하기, 어순에 맞게 배열하기, 작문하기 등 다양한 문제로 구성되어 있습니다. 헷갈리는 부분과 틀린 부분은 반드시 다시 한번 짚고 넘어가세요.

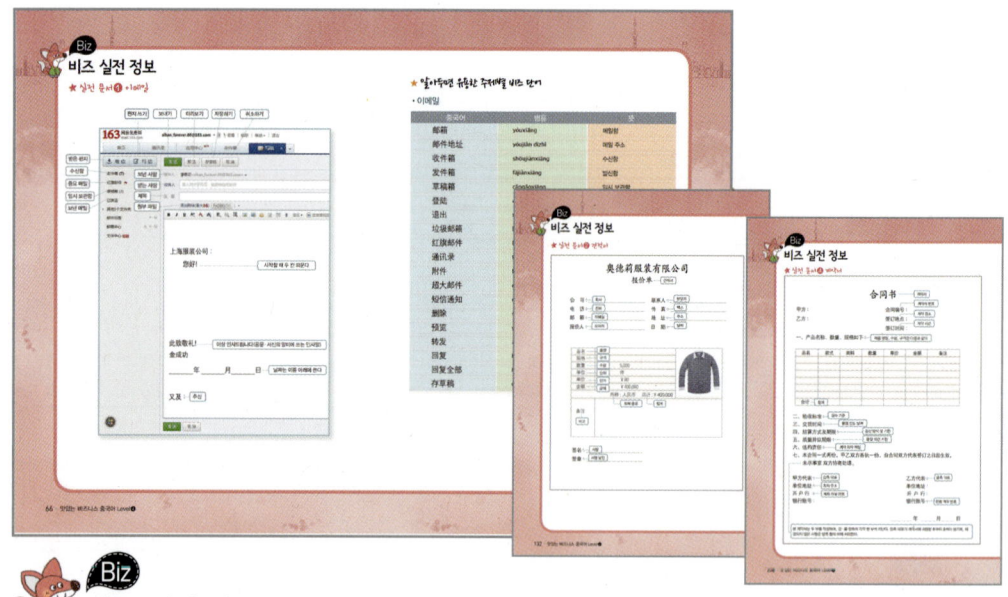

### 비즈 실전 정보

비즈니스맨이라면 누구나 알아야 할 정보들로 구성하였습니다. 이메일, 견적서, 계약서 등 실전 업무에 반드시 필요한 실전 문서들을 비즈니스 업무에 유용하게 사용해 보세요. 또한 이와 관련된 단어들을 주제별로 정리하였습니다. 중국 바이어 앞에서 좀 더 유창하게 중국어를 구사하여 비즈니스를 성공으로 이끌어 보세요.

# 일러두기

## ⊙ 품사 약어표

| 품사명 | 약어 | 품사명 | 약어 | 품사명 | 약어 |
|---|---|---|---|---|---|
| 명사 | 명 | 고유명사 | 고유 | 조동사 | 조동 |
| 동사 | 동 | 인칭대명사 | 대 | 접속사 | 접 |
| 형용사 | 형 | 의문대명사 | 대 | 감탄사 | 감탄 |
| 부사 | 부 | 지시대명사 | 대 | 접두사 | 접두 |
| 수사 | 수 | 어기조사 | 조 | 접미사 | 접미 |
| 양사 | 양 | 동태조사 | 조 | | |
| 전치사 | 전 | 구조조사 | 조 | | |

## ⊙ 고유명사 표기

중국의 지명, 기관 등의 명칭은 중국어 발음을 한국어로 표기하였고, 인명은 각 나라에서 실제로 읽히는 발음을 한국어로 표기했습니다.

예 北京 Běijīng 베이징    金成功 Jīn Chénggōng 김성공    安娜 Ānnà 안나

### 이 책의 주요 등장인물

**金成功**
Jīn Chénggōng

30세, 한국인
승리어패럴 해외 영업부 대리

중국 바이어와 거래부터 계약까지, 협상의 달인으로 거듭나기 위해 김성공이 어떠한 방식으로 일을 진행하는지 궁금하지 않으세요? 다양한 상황에 대처하는 그의 업무 방식과 바이어와의 진한 우정을 나누는 친화력까지. 여러분들도 김성공을 통해 비즈니스 전문가가 되어 보세요!

**周丽君**
Zhōu Lìjūn

40대 중반, 중국인
중국 거래처 사장

열정적인 에너지를 가진 여성 리더. 일을 할 땐 똑 부러지게! 문제를 해결할 땐 시원시원하게! 그녀의 탁월한 업무 능력을 살펴보며, 미래의 오너를 꿈꿔 보세요!

**李大福**
Lǐ Dàfú

50대 초중반, 한국인
승리어패럴 사장

김성공의 든든한 지원군! 이대복 사장.
한 회사의 대표로서 거래처와 어떻게 관계를 유지하고, 어떠한 방식으로 일을 진행하는지 이 사장만의 노하우를 배워 보세요!

# 01과

## 明天就谈订单的事吧。
내일 바로 주문에 관해 얘기하죠.

Track 01

**핵심구문 ❶**
我恐怕去不了了，明天中午有客人要来。
저는 아무래도 못 갈 것 같아요. 내일 점심 때 손님이 오신다고 해서요.

**핵심구문 ❷**
大家都是做生意的，可以理解。
다들 사업하는 사람인데, 이해해요.

**핵심구문 ❸**
你也难得来一次，就多呆几天吧。
이렇게 한 번 나서기도 힘든데, 며칠 더 있다 가시죠.

오너들은 우리 같은 사원과는 다른 에너지와 시각을 갖고 있는 것 같다.
우리 사장님을 봐도 그렇고 중국에서 오신 주 사장님을 봐도 그렇고, 확실히 나와는 뭔가 다르다.
미래의 오너를 꿈꾸는 김성공이 깊이 연구해야 할 부분이다.

## 바이어 내한

상황 1  바이어 도착 날짜 확인하기
상황 2  바이어 마중가기
상황 3  바이어 만나기

— 동사 包括 | 부사 恐怕 | 형용사 难得 |
　이중부정 非……不可

## Biz 맛있는 단어

Track 02

- ☐☐ 包括 bāokuò　　　　　　　⑧ 포함하다, 포괄하다
- ☐☐ 翻译 fānyì　　　　　　　　⑲ 번역가, 통역가 ⑧ 통역하다
- ☐☐ 恐怕 kǒngpà　　　　　　　⑼ 아마 ~일 것이다
  ✚ 恐怕不行 kǒngpà bùxíng 아마 안 될 거예요 |
  恐怕去不了 kǒngpà qùbuliǎo 어쩌면 못 갈 거예요 |
  恐怕卖不了 kǒngpà màibuliǎo 아마 팔 수 없을 거예요
- ☐☐ 一路上 yílù shang　　　　　일정 내내, 여정 내내
- ☐☐ 周丽君 Zhōu Lìjūn　　　　　⑼ 저우리쥔(주려군)[인명]
- ☐☐ 原谅 yuánliàng　　　　　　⑧ 이해하다, 양해하다, 용서하다
- ☐☐ 理解 lǐjiě　　　　　　　　　⑧ 이해하다
- ☐☐ 难得 nándé　　　　　　　　⑲ ~하기 어렵다
  ✚ 难得一见 nándé yí jiàn 좀처럼 보기 힘들다 |
  难得糊涂 nándé hútu 자신의 실력이나 총명함을 감추고 어수룩하게 행동하기 어렵다
- ☐☐ 福气 fúqi　　　　　　　　　⑲ 복
- ☐☐ 订单 dìngdān　　　　　　　⑲ 주문서, 주문 명세서
- ☐☐ 从来 cónglái　　　　　　　⑼ 한 번도, 이제껏
- ☐☐ 过分 guòfèn　　　　　　　⑲ 지나치다
- ☐☐ 非……不可 fēi……bùkě　　　반드시 ~해야 한다

| New words

## ●〈비즈니스 필수 표현〉 성어와 속담(1)

☐☐ **先做朋友，后做生意** 사업을 하려면 먼저 친구가 되어라
xiān zuò péngyou, hòu zuò shēngyi

☐☐ **信誉至上** 신용을 최상으로 하다
xìnyù zhìshàng

☐☐ **礼多人不怪** 예의는 아무리 정중하게 행해도 허물로 여기지 않는다
lǐ duō rén bú guài

☐☐ **三思而后行** (일할 때) 마땅히 심사숙고하고 나서 행동해야 한다
sān sī ér hòu xíng

☐☐ **在家靠父母，出门靠朋友** 집에서는 부모에게 의지하고, 문을 나서면 친구에게 의지한다
zài jiā kào fùmǔ, chū mén kào péngyou

비즈니스 달인을 위한 Tip

### ✚ 董事长vs总经理vs书记

중국 바이어의 명함을 받아보면 '董事长'이나 '总经理'라는 직함이 씌어져 있는 경우가 있다. 이 두 직함의 차이를 보면 '董事长'은 회사의 지분을 갖고 있는 주주를 뜻하고, '总经理'는 회사의 지분을 갖고 있거나 혹은 외부에서 고용된 월급 사장을 뜻한다. 이밖에 '书记(서기)'라는 직함이 적혀져 있는 명함을 받을 수도 있는데, '书记'란 공산당·청년단 등 각급 조직의 책임자로, 쉽게 말해 공산당의 지령을 하달하는 사람이다. 사회주의 국가인 중국에서는 아직도 그 힘이 막강하다 할 수 있으니 중국에서 사업을 하고자 한다면 '书记'님과 친하게 지내는 것이 유리하다.

# 맛있는 회화

### 상황1 바이어 도착 날짜 확인하기 　Track 03

李大福　周总他们什么时候到韩国?
　　　　Zhōu zǒng tāmen shénme shíhou dào Hánguó?

金成功　他们五号到。
　　　　Tāmen wǔ hào dào.

李大福　他们住的宾馆已经预订了?
　　　　Tāmen zhù de bīnguǎn yǐjing yùdìng le?

金成功　周总说他们自己预订了宾馆。
　　　　Zhōu zǒng shuō tāmen zìjǐ yùdìng le bīnguǎn.

李大福　这次他们几个人来?
　　　　Zhècì tāmen jǐ ge rén lái?

金成功　包括❶翻译一共四个人。
　　　　Bāokuò fānyì yígòng sì ge rén.


### 상황2 바이어 마중가기 　Track 04

金成功　李总，明天您也去接周总吗?
　　　　Lǐ zǒng, míngtiān nín yě qù jiē Zhōu zǒng ma?

李大福　我恐怕❷去不了了，明天中午有客人要来。
　　　　Wǒ kǒngpà qùbuliǎo le, míngtiān zhōngwǔ yǒu kèrén yào lái.

金成功　那我就一个人去吧。
　　　　Nà wǒ jiù yí ge rén qù ba.

李大福　好的。你先去接他们，晚上我请他们吃饭。
　　　　Hǎo de. Nǐ xiān qù jiē tāmen, wǎnshang wǒ qǐng tāmen chīfàn.

| Dialogue

### 상황3 바이어 만나기 Track 05

**李大福** 周总，好久不见！一路上好吗?
Zhōu zǒng, hǎo jiǔ bú jiàn! Yílù shang hǎo ma?

**周丽君** 谢谢，很好。
Xièxie, hěn hǎo.

**李大福** 中午因为陪客人，没能去接你们，请原谅。
Zhōngwǔ yīnwèi péi kèrén, méi néng qù jiē nǐmen, qǐng yuánliàng.

**周丽君** 没关系。大家都是做生意的，可以理解。
Méi guānxi. Dàjiā dōu shì zuò shēngyi de, kěyǐ lǐjiě.

**李大福** 谢谢！谢谢！周总，你也难得❸ 来一次，就多呆几天吧。
Xièxie! Xièxie! Zhōu zǒng, nǐ yě nándé lái yí cì, jiù duō dāi jǐ tiān ba.

**周丽君** 我有这个福气就好了，这次我们还得去趟日本。
Wǒ yǒu zhège fúqi jiù hǎo le, zhècì wǒmen hái děi qù tàng Rìběn.

**李大福** 哟！你去日本拿订单呀?
Yō! Nǐ qù Rìběn ná dìngdān ya?

**周丽君** 没，日本有一家公司跟我们合作了五年，
Méi, Rìběn yǒu yì jiā gōngsī gēn wǒmen hézuò le wǔ nián,

我从来没去看过他们。
wǒ cónglái méi qù kànguo tāmen.

**李大福** 这你也有点儿过分了。
Zhè nǐ yě yǒudiǎnr guòfèn le.

**周丽君** 可不！这次他们知道我来韩国，就非要我去他们那儿不可❹。
Kěbù! Zhècì tāmen zhīdào wǒ lái Hánguó, jiù fēiyào wǒ qù tāmen nàr bùkě.

**李大福** 这样，我们明天就谈订单的事吧。
Zhèyàng, wǒmen míngtiān jiù tán dìngdān de shì ba.

**周丽君** 好的。
Hǎo de.

## Biz 맛있는 어법

**1**  包括翻译一共四个人。

包括는 동사로 '포함하다, 포괄하다'라는 뜻을 나타내며 뒤에 열거하거나 강조하는 부분이 동반됩니다. 包括의 대상은 사람과 사물 모두 가능합니다.

- **사람** 包括你在内的全部来访人员我们都要热情招待。
  당신을 포함한 모든 방문객들을 저희는 따뜻하게 대접할 거예요.
- **사물** 熊市的概念包括两层意思。
  베어 마켓(bear market)에는 두 가지 뜻이 담겨 있어요.

\* 在内 zàinèi
  동 포함하다, 내포하다
\* 招待 zhāodài
  동 대접하다, 접대하다
\* 熊市 xióngshì
  명 (주식 시장의) 하락장

**해석하기** 这次聚会，包括我在内，共有30个人。

**중작하기** 장 사장님네 주문서를 포함해서, 오늘은 모두 다섯 개의 주문서를 받았어요.


**2**  我恐怕去不了了，明天中午有客人要来。

恐怕는 '아마 ~일 것이다'라는 뜻을 가진 부사로 추측이나 염려를 나타냅니다. 恐怕 뒤에는 주로 불가능이나 부정적인 결과를 나타내는 동작이 동반됩니다.

今天下了这么大的雪，恐怕飞机会晚点吧。
오늘 눈이 이렇게나 많이 내리니, 아마도 비행기가 연착될 거예요.

我必须马上回工厂去看一下，恐怕不能回家吃饭了。
제가 지금 반드시 공장에 돌아가 봐야 해서, 집에 가서 밥을 못 먹을 것 같아요.

\* 晚点 wǎndiǎn
  동 연착하다

**해석하기** 我现在在外边，恐怕不能参加会议了。

**중작하기** 이렇게 늦었는데, 그는 아마도 못 돌아올 것 같네요.

| Grammar

**③ 你也难得来一次，就多呆几天吧。**

难得는 '~하기 힘들다, 드물다'라는 뜻으로 쉽게 얻지 못하거나 하기 힘든 동작이나 일에 쓰입니다. 때로는 아주 드물게 일어나는 일이나 소중한 일에 쓰이기도 합니다.

难得大家都在，下班后去聚餐吧。
어렵사리 이렇게 다 모였으니, 퇴근 후에 회식하러 가요.

机会难得，大家千万不要错过!
기회는 얻기 어려우니, 여러분 절대 놓치지 마세요!

【해석하기】这款商品难得打折，这次一定要买。

_____

【중작하기】힘들게 하루 쉬는 건데, 자네 푹 쉬게나.

_____


**④ 这次他们知道我来韩国，就非要我去他们那儿不可。**

'非……不可'는 이중부정 형식으로 '반드시 ~해야 한다'라는 뜻을 나타내는 강조 용법입니다. 非 뒤에는 동사, 명사, 구가 올 수 있으며, 不可 대신에 不行, 不成 등으로 바꾸어 쓸 수 있습니다.

对方说非要直接和老总谈不可。　　　　　＊郭 Guō 고유 곽(성씨)
상대측에서 반드시 사장님과 직접 이야기를 해야겠답니다.

郭部长说非亲自来接你不可。
곽 부장님이 꼭 친히 마중을 나오겠다고 합니다.

【해석하기】他非让我去一趟不可。

_____

【중작하기】이 사장님께서 꼭 직접 바이어 마중을 가셔야겠다고 하시네요.

_____

# 연습 문제

**1** 녹음을 잘 듣고 질문에 알맞은 답을 고르세요. Track 06

[1-2]

❶ ⓐ 3号　　ⓑ 5号　　ⓒ 7号

❷ ⓐ 3个人　ⓑ 4个人　ⓒ 5个人

[3-4]

❸ ⓐ 不能去接　ⓑ 可以去接　ⓒ 还不知道

❹ ⓐ 今天中午　ⓑ 明天晚上　ⓒ 明天中午

**2** 다음 대화를 완성하세요.

❶ A 中午因为陪客人, 여러분들 마중을 못 갔네요. 용서해 주세요.
　 B 没关系。我可以理解。

　➡ _____

❷ A 이번엔 우리가 또 일본에 가 봐야 해요.
　 B 这样，我们明天就谈订单的事吧。

　➡ _____

| Exercise

**3** 다음 단어를 어순에 맞게 배열하세요.

❶ 大家 | 生意 | 都 | 做 | 的 | 是，可以理解。

➡ _____ , 可以理解。

❷ 一个人 | 那 | 吧 | 就 | 去 | 我

➡ _____

❸ 过分 | 你 | 了 | 这 | 有点儿 | 也

➡ _____


**4** 다음을 중국어로 써 보세요.

❶ 저희는 이미 서울 호텔을 예약했어요.

➡ _____

❷ 저희는 그 회사와 합작한 지 3년 됐어요.

➡ _____

❸ 저는 여태껏 그들을 보러 간 적이 없어요.

➡ _____

# 02과

## 这批货不如上一批货好。
이번 물건은 지난번 것보다 못해요.

Track 07

**핵심구문 ❶**

### 下星期能按时交货。
다음 주면 시간에 맞춰 납품할 수 있어요.

**핵심구문 ❷**

### 我们先看看市场的反应再说吧。
우선 시장의 반응을 보고 나서 얘기해요.

**핵심구문 ❸**

### 做生意嘛, 应该以信誉为本。
사업이란 게, 당연히 신용을 기본으로 해야죠.

이번에 들어온 물량이 지난번과 차이가 난다 싶었더니,
아무래도 원단 공장을 바꾸는 과정에서 문제가 생긴 것 같다.
주 사장님이 우리를 위해 조치한 사항이라고 하니,
일단 믿고 시장의 반응을 지켜보기로 했다.

### 협의

상황 1  물품 수량 늘리기
상황 2  가공에 대해 물어보기
상황 3  제품 품질에 관해 이야기하기
- 부사 按时 | 除了……以外, 还……|
  부사 重新 | 以……为……

# Biz 맛있는 단어

Track 08

- 批 pī — 양 다량의 물건이나 다수의 사람을 세는 단위
- 按时 ànshí — 부 제때에, 시간 맞추어
- 交货 jiāohuò — 동 납품하다
- 困难 kùnnan — 명 어려움 형 곤란하다
- 除了……以外，还…… chúle……yǐwài, hái…… — ~이외에, 또
- 成品 chéngpǐn — 명 완제품
- 加工 jiāgōng — 동 이합 가공하다
- 样本 yàngběn — 명 견본, 샘플
- 具体 jùtǐ — 형 구체적이다
- 布料 bùliào — 명 원단, 감
- 薄 báo — 형 얇다
- 布料厂 bùliàochǎng — 명 원단 공장
- 相当 xiāngdāng — 부 상당히
- 具有 jùyǒu — 동 가지고 있다, 구비하다
- 先进设备 xiānjìn shèbèi — 명 선진적인 설비
- 处理 chǔlǐ — 동 처리하다
- 投放 tóufàng — 동 공급하다, 출하하다
- 重新 chóngxīn — 부 새로, 다시
- 豪爽 háoshuǎng — 형 솔직하고 호방하다
- 以……为…… yǐ……wéi…… — ~를 ~로 삼다(여기다)
- 同意 tóngyì — 동 동의하다, 찬성하다
- 观点 guāndiǎn — 명 관점, 견해

| New words

### • <비즈니스 필수 표현> 샘플 평가

- [ ] 这一批比上一批好多了。 이번 물량이 지난번 것보다 훨씬 좋아졌네요.
  Zhè yì pī bǐ shàng yì pī hǎoduō le.

- [ ] 我们的客户对你们的产品很满意。 우리 바이어들은 귀사 제품에 만족하고 있어요.
  Wǒmen de kèhù duì nǐmen de chǎnpǐn hěn mǎnyì.

- [ ] 怎么搞的，这次不良率太高了。 어찌된 일이죠. 이번에 불량률이 너무 높아요.
  Zěnme gǎo de, zhècì bùliánglǜ tài gāo le.

- [ ] 你们的生产工艺有没有变化？ 귀사의 생산 공정에 변화가 생겼나요?
  Nǐmen de shēngchǎn gōngyì yǒu méiyǒu biànhuà?

- [ ] 下一批一定不会有问题的。 다음 물량에는 반드시 문제가 생기지 않을 겁니다.
  Xià yì pī yídìng bú huì yǒu wèntí de.

+ **중국바이어와 어떤 이야기를 하면 좋을까?**

중국 바이어와 일상적인 대화를 나눌 때는 중국 성어나 속담 공부를 좀 해두는 것이 좋다. 중요한 순간에 촌철살인(寸鐵殺人) 할 만한 말을 한 방 날려준다면 그들과 친해질 수 있기 때문이다. 또한 삼국지(三国演义)를 보거나 중국 역사에 대해 이해해 두는 것도 대화할 때 많은 도움이 된다. 단, 한담을 나누는 중에 민감한 이슈가 되고 있는 역사나 정치 문제에 대해서는 언급을 피하도록 하자. 특히, 과거의 일을 들춰 시비를 가리거나 상대국을 폄하하는 발언을 하게 되면 90% 이상 성사되었던 일도 바로 물거품이 될 수 있으니 입단속을 잘할 일이다.

## Biz 맛있는 회화

### 상황1 물품 수량 늘리기 Track 09

金成功  周总，下一批做得差不多了吧？
       Zhōu zǒng, xià yì pī zuò de chàbuduō le ba?

周丽君  差不多了。下星期能**按时**❶交货。
       Chàbuduō le. Xià xīngqī néng ànshí jiāohuò.

金成功  现在增加数量不知可不可以。
       Xiànzài zēngjiā shùliàng bùzhī kě bu kěyǐ.

周丽君  可以是可以，你们要增加多少？
       Kěyǐ shì kěyǐ, nǐmen yào zēngjiā duōshao?

金成功  一万。
       Yíwàn.

周丽君  一万呀？这有点儿困难，五千可以。
       Yíwàn ya? Zhè yǒudiǎnr kùnnan, wǔqiān kěyǐ.

### 상황2 가공에 대해 물어보기 Track 10

金成功  周总，你们**除了**做出口成品**以外**，**还**❷可以加工吗？
       Zhōu zǒng, nǐmen chúle zuò chūkǒu chéngpǐn yǐwài, hái kěyǐ jiāgōng ma?

周丽君  我们也可以为客户加工。
       Wǒmen yě kěyǐ wèi kèhù jiāgōng.

金成功  那我们给你们提供样本就可以了？
       Nà wǒmen gěi nǐmen tígōng yàngběn jiù kěyǐ le?

周丽君  对，这样可以。
       Duì, zhèyàng kěyǐ.

| Dialogue

**상황3** 제품 품질에 관해 이야기하기  Track 11

**周丽君** 这批货质量怎么样，满意吗?
Zhè pī huò zhìliàng zěnmeyàng, mǎnyì ma?

**李大福** 这批好像不如上一批好。
Zhè pī hǎoxiàng bùrú shàng yì pī hǎo.

**周丽君** 具体有什么问题，请告诉我。
Jùtǐ yǒu shénme wèntí, qǐng gàosu wǒ.

**李大福** 这一批的布料薄了点儿，你们是不是换了布料厂?
Zhè yì pī de bùliào báo le diǎnr, nǐmen shì bu shì huàn le bùliàochǎng?

**周丽君** 我们刚换了布料厂。这家规模相当大，还具有先进设备呢。
Wǒmen gāng huàn le bùliàochǎng. Zhè jiā guīmó xiāngdāng dà, hái jùyǒu xiānjìn shèbèi ne.

**李大福** 可是我觉得前一家的质量更好。
Kěshì wǒ juéde qián yì jiā de zhìliàng gèng hǎo.

**周丽君** 是吗? 我马上安排人调查一下吧。那这一批的怎么处理?
Shì ma? Wǒ mǎshàng ānpái rén diàochá yíxià ba. Nà zhè yì pī de zěnme chǔlǐ?

**李大福** 这批货刚投放市场，我们先看看市场的反应再说吧。
Zhè pī huò gāng tóufàng shìchǎng, wǒmen xiān kànkan shìchǎng de fǎnyìng zài shuō ba.

**周丽君** 如果反应不好，我们重新❸给你们做。
Rúguǒ fǎnyìng bù hǎo, wǒmen chóngxīn gěi nǐmen zuò.

**李大福** 我就喜欢你性格豪爽。
Wǒ jiù xǐhuan nǐ xìnggé háoshuǎng.

**周丽君** 做生意嘛，应该以信誉为❹本。
Zuò shēngyi ma, yīnggāi yǐ xìnyù wéi běn.

**李大福** 你说得很对，我也同意你的观点。
Nǐ shuō de hěn duì, wǒ yě tóngyì nǐ de guāndiǎn.

## Biz 맛있는 어법

**1** 下星期能**按时**交货。

按时는 정해진 시간이나 예정된 시간에 맞춰 어떤 일이나 동작을 할 때 쓰이는 단어로 정확히 몇 시 몇 분까지 지키는 것을 말합니다.

我们相信贵公司一定能够**按时**交货。
저희는 귀사가 반드시 제때에 납품할 수 있을 거라고 믿습니다.

我们**按时**完成了所有的生产任务。
우리는 제때에 맞춰 모든 생산 임무를 완수했습니다.

▶ 해석하기  你们放心，我们一定能够按时生产。

▶ 중작하기  이번에 예정대로 납품하는 것에 문제없습니다.


**2** 你们**除了**做出口成品**以外**，**还**可以加工吗?

'除了……以外, 还……'는 '~이외에, 또'라는 뜻으로 앞에서 제시된 조건 이외에, 다른 조건이 더 추가될 때 쓰는 표현입니다. '除了……以外, 都……' 형식으로도 쓰여 '앞에서 제시된 조건을 빼고, 나머지는 다'라는 뜻을 나타내기도 합니다.

**除了**上海**以外**，我**还**去过北京。
상하이 이외에, 저는 또 베이징에도 갔었어요.

**除了**车间主任**以外**，其他员工**都**到了。
작업 반장만 빼고 다른 직원들은 다 왔어요.

\* 主任 zhǔrèn 명 주임, 장
\* 半成品 bànchéngpǐn 명 반제품

▶ 해석하기  车间里除了成品以外，还有很多半成品。

▶ 중작하기  저한테 그 사람이 만든 샘플 말고도, 또 주 사장님네 샘플이 있습니다.

| Grammar

**③** 如果反应不好，我们重新给你们做。

重新은 '어떤 일을 처음부터 다시 한번 시작하다, 잘못된 일을 처음부터 다시 바로잡는다'라는 의미로 쓰입니다. 重新 다음에 오는 동사는 동량사 次, 遍, 一下를 동반하기도 합니다.

总经理现在不在，您过会儿重新打过来吧。
사장님께서 지금 안 계시니, 잠시 후에 다시 걸어 주세요.

厂长把生产计划重新安排了一下。
공장장님이 생산 계획을 다시 배정했습니다.

◀ 해석하기 ▶ 你们把生产计划重新安排一下，好吗?

◀ 중작하기 ▶ 이번 물량은 품질이 많이 떨어져서, 다시 제작해야 합니다.


**④** 做生意嘛，应该以信誉为本。

'以……为……' 형식은 '~을 ~로 삼다'라는 뜻으로 같은 표현으로는 '把……做为……'가 있습니다. 주로 '以……为准, 以……为主' 형식으로 많이 쓰입니다.

以我公司确认为准。
폐사가 확인한 것을 기준으로 하겠습니다.

想要做百年名企，必须树立以质为本的理念。
아주 오랫동안 장수하는 기업이 되려면, 반드시 품질 본위의 이념을 수립해야 합니다.

* 百年名企 bǎinián míngqǐ
  상징적인 의미로 장수하는 기업을 뜻함
* 树立 shùlì 동 수립하다
* 理念 lǐniàn 명 이념
* 宗旨 zōngzhǐ 명 사훈

◀ 해석하기 ▶ 订单以我公司确认为准。

◀ 중작하기 ▶ 저희는 품질 제일을 회사 사훈으로 삼고 있습니다.

# 연습 문제

**1** 녹음을 잘 듣고 질문에 알맞은 답을 고르세요. Track 12

[1-2]
① ⓐ 这个星期　ⓑ 随时都可以　ⓒ 下星期
② ⓐ 10000　ⓑ 5000　ⓒ 1000

[3-4]
③ ⓐ 这批比上一批好
　 ⓑ 这批跟上一批差不多
　 ⓒ 这批没有上一批好
④ ⓐ 薄了点儿　ⓑ 厚了点儿　ⓒ 没有变化

**2** 다음 대화를 완성하세요.

① A 我觉得 앞전 회사의 품질이 훨씬 좋아요.
　 B 是吗？我马上安排人调查一下吧。

➡ _____

② A 我们 우선 시장의 반응을 보고 나서 다시 얘기해요.
　 B 如果反应不好，我们重新给你们做。

➡ _____

32 • 맛있는 비즈니스 중국어 Level ④

| Exercise

**3** 다음 단어를 어순에 맞게 배열하세요.

❶ 这家规模相当大，还 | 先进 | 具有 | 呢 | 设备

➡ 这家规模相当大，_____

❷ 就 | 性格 | 喜欢 | 豪爽 | 你

➡ 我_____

❸ 做生意嘛，应该 | 本 | 以 | 为 | 信誉

➡ 做生意嘛，_____

**4** 다음을 중국어로 써 보세요.

❶ 우리는 바이어를 위해 가공도 해요.

➡ _____

❷ 저희가 샘플을 제공할게요.

➡ _____

❸ 이 원단 공장 규모가 매우 크고, 제품 품질도 괜찮아요.

➡ _____

# 03과

## 有朋自远方来，不亦乐乎?
### 벗이 먼 곳에서 찾아오니, 이 또한 기쁘지 않겠어요?

Track 13

**핵심구문 ❶**

这是我们给你们准备的礼物，请笑纳!
이건 저희가 여러분께 준비한 선물입니다. 받아 주세요.

**핵심구문 ❷**

有些地方招待不周，请多多包涵。
제대로 못 챙겨 드린 부분이 있더라도 모쪼록 양해해 주세요.

**핵심구문 ❸**

祝你生意红火腾腾起，财运亨通步步高。
사업 번창하시고, 돈 많이 버세요.

중국 손님을 모시고 다니다 보면,

'그들에게 어떤 것을 보여주면 좋을까?' 하고 고민하게 된다.

이렇다 할 '한국적인 멋'이 풍기는 관광지와

선물이 부족하기 때문이다.

그나마 예전엔 한국적인 면모를 지녔던 곳까지

자꾸만 쇼핑가로 바뀌는 추세가 아쉽다.

## 바이어 접대

상황1  바이어와 쇼핑가 가기
상황2  바이어에게 선물하기
상황3  바이어와 식사하기

— 确实의 용법 | 请笑纳 | 동사 属于 | 동사 当

# Biz 맛있는 단어

Track 14

- 明洞 Míngdòng [고유] 명동
- 南京路 Nánjīng Lù [고유] (상하이의) 난징루
- 著名 zhùmíng [형] 유명하다
- 商业区 shāngyèqū [명] 상업 지구, 쇼핑가
- 口语 kǒuyǔ [명] 구어
- 整容手术 zhěngróng shǒushù 성형 수술
- 确实 quèshí [형] 확실하다 [부] 확실히
- 请笑纳! Qǐng xiàonà! 부디 받아 주세요!
- 小意思 xiǎoyìsi [명] 작은 성의
- 有朋自远方来，不亦乐乎? Yǒu péng zì yuǎnfāng lái, bú yì lè hū? 벗이 먼 곳에서 찾아오니, 이 또한 기쁘지 아니한가?
- 只能 zhǐnéng [동] ~할 수밖에 없다
- 收下 shōuxià [동] 받다
- 吃得惯 chī de guàn 습관이 되어 먹을 만하다
- 属于 shǔyú [동] ~에 속하다
- 宫廷料理 gōngtíng liàolǐ [명] 궁중 요리
- 类似于 lèisìyú ~와 비슷하다
- 满汉全席 Mǎn Hàn quánxí 만한취안시 *청나라 중엽 궁중에서부터 유래한 것으로 만주풍 요리와 한족풍 요리를 갖춘 호화 연회석
- 专门 zhuānmén [부] 특별히, 일부러
- 丰盛 fēngshèng [형] 융숭하다, 성대하다
- 晚餐 wǎncān [명] 저녁 식사
- 招待不周 zhāodài bùzhōu 대접이 변변치 못하다
- 当外人 dāng wàirén 남으로 생각하다
- 我哪儿敢啊! Wǒ nǎr gǎn a! 제가 어찌 그럴 수 있겠어요!
- 生意红火腾腾起，财运亨通步步高 shēngyi hónghuǒ téngténg qǐ, cáiyùn hēngtōng bùbùgāo 사업이 번창하고, 재물이 날로 늘어나다
- 彼此彼此 bǐcǐ bǐcǐ 피차일반이다
- 美丽长存 měilì chángcún 오래오래 젊음을 유지하다
- 享用 xiǎngyòng [동] 누리다, 즐기다

| New words

## ●〈비즈니스 필수 표현〉 성어와 속담(2)

☐☐ **白手起家** 자수성가하다
bái shǒu qǐ jiā

☐☐ **众所周知** 모든 사람이 다 알고 있다
zhòng suǒ zhōu zhī

☐☐ **举世闻名** 전 세계에 이름이 알려지다
jǔ shì wén míng

☐☐ **说到做到** 말한 것을 반드시 실행에 옮기다, 약속은 반드시 지키다
shuō dào zuò dào

☐☐ **世上无难事，只怕有心人** 하려는 마음이 있으면 그 어떤 곤란도 극복할 수 있다
shì shàng wú nánshì, zhǐ pà yǒuxīnrén

+ **중국 바이어에게 식사를 대접할 때 주의할 점은?**

'금강산도 식후경'이라고 비즈니스도 좋지만 우리를 찾아온 손님에게 맛있는 밥 한 끼 대접하는 일은 그 무엇보다 중요할 터. 그러나 멀리서 오신 중국 손님을 융숭히 대접한다고 고급 한정식 집에 모셔놓고 양반 다리를 하라고 시킨다면? 그것은 그들을 고문하는 일이 될 것이다. 중국인은 태어나면서부터 침대 생활과 입식 생활을 하기 때문에 양반 다리가 익숙하지 않다. 이와 함께 기름기가 많은 음식을 즐겨 먹는 중국인들에게는 너무 담백한 음식이나 생선회보다는 포만감이 느껴지는 음식이 좋을 수도 있으니, 사전에 상의해서 결정하는 것이 그들의 마음을 잡는 데 더 좋을 것이다. 사람의 마음을 잡는 일은 아주 큰 것이 아닌 사소한 배려에서 온다는 사실을 잊지 말자.

## 맛있는 회화

**상황 1**  바이어와 쇼핑가 가기  Track 15

周丽君  金代理，这里就是明洞啊? 人真多，像南京路一样。
Jīn dàilǐ, zhèlǐ jiù shì Míngdòng a? Rén zhēn duō, xiàng Nánjīng Lù yíyàng.

金成功  差不多，两个地方都是著名的商业区。
Chàbuduō, liǎng ge dìfang dōu shì zhùmíng de shāngyèqū.

周丽君  你们看，商店里的服务员会说汉语呢。
Nǐmen kàn, shāngdiàn li de fúwùyuán huì shuō Hànyǔ ne.

金成功  简单的口语他们都会说，
Jiǎndān de kǒuyǔ tāmen dōu huì shuō,

这几年来韩国旅游的中国人越来越多。
zhè jǐ nián lái Hánguó lǚyóu de Zhōngguórén yuèláiyuè duō.

周丽君  我的几个朋友也来过。听说，还有些人呢，
Wǒ de jǐ ge péngyou yě láiguo. Tīngshuō, hái yǒuxiē rén ne,

来韩国做整容手术。
lái Hánguó zuò zhěngróng shǒushù.

金成功  对，确实❶这样。
Duì, quèshí zhèyàng.

**상황 2**  바이어에게 선물하기  Track 16

李大福  周总，这是我们给你们准备的礼物，请笑纳!❷
Zhōu zǒng, zhè shì wǒmen gěi nǐmen zhǔnbèi de lǐwù, qǐng xiàonà!

周丽君  哟! 你这是干吗呢?
Yō! Nǐ zhè shì gànmá ne?

李大福  这都是小意思，有朋自远方来，不亦乐乎?
Zhè dōu shì xiǎoyìsi, yǒu péng zì yuǎnfāng lái, bú yì lè hū?

周丽君  哈哈! 你这么说，我只能收下了。
Hāha! Nǐ zhème shuō, wǒ zhǐnéng shōuxià le.

**상황3** 바이어와 식사하기  Track 17

李大福  周总，这些菜吃得惯吗？
Zhōu zǒng, zhèxiē cài chī de guàn ma?

周丽君  可以，很好吃。这是**属于**❸什么菜系？
Kěyǐ, hěn hǎochī. Zhè shì shǔyú shénme càixì?

李大福  这是属于宫廷料理。
Zhè shì shǔyú gōngtíng liàolǐ.

周丽君  那就是类似于满汉全席了。
Nà jiù shì lèisìyú Mǎn Hàn quánxí le.

李大福  大概是吧。
Dàgài shì ba.

周丽君  今天你们专门为我们准备了这么丰盛的晚餐，非常感谢。
Jīntiān nǐmen zhuānmén wèi wǒmen zhǔnbèi le zhème fēngshèng de wǎncān, fēicháng gǎnxiè.

李大福  哪里哪里。这次时间太紧张，有些地方招待不周，请多多包涵。
Nǎli nǎli. Zhècì shíjiān tài jǐnzhāng, yǒuxiē dìfang zhāodài bùzhōu, qǐng duōduō bāohan.

周丽君  李总，你这是什么话呀！你把我**当**❹外人了？
Lǐ zǒng, nǐ zhè shì shénme huà ya! Nǐ bǎ wǒ dāng wàirén le?

李大福  没。我哪儿敢啊！来，周总，咱干一杯吧。
Méi. Wǒ nǎr gǎn a! Lái, Zhōu zǒng, zán gàn yì bēi ba.

周丽君  好啊。祝你生意红火腾腾起，财运亨通步步高。
Hǎo a. Zhù nǐ shēngyi hónghuo téngténg qǐ, cáiyùn hēngtōng bùbùgāo.

李大福  彼此彼此。来，为了周总美丽长存，干杯！
Bǐcǐ bǐcǐ. Lái, wèile Zhōu zǒng měilì chángcún, gānbēi!

周丽君  谢谢，李总，下次我在中国请您享用满汉全席。
Xièxie, Lǐ zǒng, xiàcì wǒ zài Zhōngguó qǐng nín xiǎngyòng Mǎn Hàn quánxí.

# 맛있는 어법

**1** 对，确实这样。

确实는 부사와 형용사로 쓰이며 어떤 객관적인 사실에 대해 '믿을 만하다'라는 뜻을 나타냅니다. 부사 용법으로 쓰일 때는 的确(díquè)와 바꿔 쓸 수 있습니다.

**형용사** 我不相信她的话，但是我没有确实的证据。
나는 그녀의 말을 믿지 않지만, 확실한 증거가 없어요.

*证据 zhèngjù 명 증거

**부사** 没错，我们确实收到过贵公司的产品说明书。
맞아요, 우리는 확실히 귀사의 제품 설명서를 받은 적이 있어요.

**해석하기** 贵公司的产品确实很好。

**중작하기** 저는 귀하가 보낸 팩스를 확실히 못 받았습니다.


**2** 这是我们给你们准备的礼物，请笑纳!

상대방에게 자신의 선물을 받아 달라고 할 때 사용하는 겸손한 표현입니다. 笑纳는 收下와 같은 뜻이며, '不成敬意, 请笑纳(부족하지만 부디 받아주십시오)' 형태로 많이 쓰입니다.

这是我家乡的土特产，还请笑纳。
이것은 저희 고향의 특산물이오니, 받아주셨으면 합니다.

*薄礼 bólǐ 명 변변찮은 선물

小小心意，不成敬意，请笑纳。
작은 성의입니다. 부족하지만 받아주세요.

**해석하기** 一点儿薄礼，请笑纳。

**중작하기** 이건 제가 직접 만든 것입니다. 받아주십시오.

| Grammar

### ❸ 这是属于什么菜系?

属于는 사람이나 사물이 어떤 부류, 단체, 범위 등에 귀속됨을 뜻합니다. 목적어로 장소를 나타내는 명사나 일반 명사가 동반됩니다.

**俗话讲笨鸟先飞，我的确属于笨鸟。**
속담에 '둔한 새가 먼저 난다'는 말이 있는데, 내가 확실히 둔한 새에 속하는군.

**只要是属于你的，你早晚都会得到的。**
자네 것이 될 거라면, 결국에는 다 얻게 된다네.

* 早晚 zǎowǎn
  명 언젠가는, 결국에는

🟦 해석하기  我们公司是属于电子行业的。

_____

🟩 중작하기  이 요리는 산동 요리에 속합니다. 맛 좀 보세요.

_____


### ❹ 你这是什么话呀! 你把我当外人了?

동사 当은 '~로 여기다, ~로 간주하다'라는 뜻을 나타내기도 합니다. 상황에 따라 当做, 当成, 看成으로 바꿔 쓸 수 있으며, 사람과 사물에 다 쓸 수 있습니다.

**你把我当什么人? 我不是那种人。**
당신 절 뭘로 보나요? 전 그런 사람이 아니에요.

**不好意思，我把你的帽子当成我的了。**
미안해요, 내가 당신 모자를 제 것으로 알았어요.

🟦 해석하기  金总把我当亲兄弟一样看待。

_____

🟩 중작하기  자네 우리를 한 식구로 생각하라고.

_____

## 연습 문제

**1** 녹음을 잘 듣고 질문에 알맞은 답을 고르세요. Track 18

[1-2]
- ❶ ⓐ 市场　ⓑ 游乐场　ⓒ 商业区
- ❷ ⓐ 动手术　ⓑ 做美容
　　 ⓒ 做整容手术

[3-4]
- ❸ ⓐ 不合周总的口味儿
　　 ⓑ 合周总的口味儿
　　 ⓒ 她不喜欢吃
- ❹ ⓐ 满洲菜　ⓑ 满汉全席　ⓒ 满族料理

**2** 다음 대화를 완성하세요.

❶ A 你们看，商店里的服务员会说汉语呢。
　 B 간단한 회화는 그들이 다 할 줄 알아요.

➡ _____

❷ A 这都是小意思，벗이 먼 곳에서 찾아오니, 이 또한 기쁘지 않겠어요?
　 B 哈哈！你还会说这句话呀！

➡ _____

| Exercise

**3** 다음 단어를 어순에 맞게 배열하세요.

❶ 这几年 | 来 | 中国人 | 旅游 | 韩国 | 越来越 | 的 | 多

➡ _____

❷ 朋友 | 几 | 我的 | 个 | 过 | 来 | 也

➡ _____

❸ 这 | 是 | 我们 | 礼物 | 你们 | 的 | 给 | 准备

➡ _____


**4** 다음을 중국어로 써 보세요.

❶ 그들은 우리를 위해 특별히 이렇게 융숭한 만찬을 준비했습니다.

➡ _____

❷ 다음 번엔 제가 중국에서 만한취안시를 대접하겠습니다.

➡ _____

❸ 최근에 중국에가서 사업하는 사람들이 점점 많아지고 있어요.

➡ _____

# 비즈 실전 정보

## ★ 대표 중국 음식

**훠궈 | 火锅**
huǒguō

육수로 만든 흰탕과 중국향이 강한 빨간탕 두 가지가 한 냄비에 나뉘어 나온다. 입맛에 따라 갖가지 재료들을 여러 가지 소스에 찍어 먹을 수 있다.

**카오야 | 烤鸭**
kǎoyā

밀가루로 만든 전병 위에 숯불에 구운 오리고기와 파를 넣고 싼 후, 양념에 찍어 먹으면 입에서 샤르르~ 그 맛이 정말 일품이다.

**띠싼시엔 | 地三鲜**
dìsānxiān

땅에서 나는 세 가지 신선한 음식이라는 뜻으로 감자, 가지, 피망을 볶은 요리이다. 신선한 재료와 중국식 간장 소스의 환상적인 만남을 맛볼 수 있다.

**탕추러우 | 糖醋肉**
tángcùròu

이름처럼 새콤달콤한 맛이 나는 요리로 처음 중국에 가서 음식 시키기가 두렵다면 이 음식을 시켜 보라. 실패 확률 0%!

**징장러우쓰 | 京酱肉丝**
jīngjiàng ròusī

채를 썬 돼지고기를 춘장 소스에 넣고 볶은 요리다. 두부피에 고기, 오이채, 파를 같이 넣고 싸 먹으면 그 맛이 최고다.

**위시앙러우쓰 | 鱼香肉丝**
yúxiāng ròusī

채를 썬 돼지고기와 죽순, 목이버섯 등을 넣고 새콤달콤하게 볶은 요리로, 일반적으로 '鱼香'이 들어간 음식은 외국인이 먹기에도 전혀 무리가 없다.

**꽁바오지딩 | 宫保鸡丁**
gōngbǎo jīdīng

잘게 썬 닭고기와 땅콩, 오이, 당근 등이 주재료로 들어간 요리로 새콤달콤한 맛이 난다.

**궈바오러우 | 锅包肉**
guōbāoròu

우리나라 탕수육과 비슷하지만, 맛은 더 달콤하고 찹쌀이 들어가 씹히는 맛도 일품이다.

**티에반니우러우 | 铁板牛肉**
tiěbǎn niúròu

중국식 소고기 철판 볶음 요리로 각종 채소와 볶아져 나온다. 철판 위에서 지글지글 익는 소리만 들어도 입에 군침이 돈다.

## ★ 알아두면 유용한 주제별 비즈 단어

### • 한국 음식

| | |
|---|---|
| 밥류 | 拌饭 bànfàn 비빔밥 \| 石锅拌饭 shíguō bànfàn 돌솥비빔밥 \| 烤肉盖饭 kǎoròu gàifàn 불고기 덮밥 \| 鱿鱼盖饭 yóuyú gàifàn 오징어 덮밥 \| 咖喱盖饭 gālí gàifàn 카레라이스 \| 蛋包饭 dànbāofàn 오므라이스 \| 泡菜炒饭 pàocài chǎofàn 김치볶음밥 |
| 찌개·탕류 | 泡菜汤 pàocàitāng 김치찌개 \| 金枪鱼泡菜汤 jīnqiāngyú pàocàitāng 참치 김치찌개 \| 大酱汤 dàjiàngtāng 된장찌개 \| 嫩豆腐汤 nèn dòufutāng 순두부찌개 \| 部队汤 bùduìtāng 부대찌개 \| 豆渣汤 dòuzhātāng 콩비지 찌개 \| 排骨汤 páigǔtāng 갈비탕 \| 辣牛肉汤 là niúròutāng 육개장 |
| 고기류 | 五花肉 wǔhuāròu 삼겹살 \| 排骨 páigǔ 갈비 \| 烤肉 kǎoròu 불고기 \| 菜包白切肉 càibāo báiqiēròu 보쌈 \| 猪蹄 zhūtí 족발 \| 炸鸡 zhájī 후라이드치킨 \| 调味炸鸡 tiáowèi zhájī 양념치킨 \| 肥肠 féicháng 곱창 |
| 면류 | 水冷面 shuǐ lěngmiàn 물냉면 \| 拌冷面 bàn lěngmiàn 비빔냉면 \| 热食面 rèshímiàn 잔치국수 \| 炸酱面 zhájiàngmiàn 자장면 \| 乌冬面 wūdōngmiàn 우동 \| 刀削面 dāoxuēmiàn 칼국수 \| 什锦菜 shíjǐncài 잡채 \| 筋道拌面 jīndào bànmiàn 쫄면 \| 冷豆浆面 lěng dòujiāngmiàn 냉콩국수 |
| 분식류 | 紫菜包饭 zǐcài bāofàn 김밥 \| 油炸豆腐包饭 yóuzhádòufu bāofàn 유부초밥 \| 肉包子 ròubāozi 고기 만두 \| 煎饺子 jiānjiǎozi 군만두 \| 水饺子 shuǐjiǎozi 물만두 \| 葱饼 cōngbǐng 파전 \| 泡菜煎饼 pàocài jiānbǐng 김치 부침개 \| 拉面 lāmiàn 라면 \| 炒年糕 chǎoniángāo 떡볶이 \| 拉面炒年糕 lāmiàn chǎoniángāo 라볶이 \| 米肠 mǐcháng 순대 \| 炸鱿鱼 zhá yóuyú 오징어 튀김 \| 炸紫菜卷 zhá zǐcàijuǎn 김말이 튀김 \| 鱼饼 yúbǐng 어묵 꼬치 \| 年糕汤 niángāotāng 떡국 \| 年糕饺子汤 niángāo jiǎozitāng 떡만두국 \| 面疙瘩汤 miàngēdatāng 수제비 |
| 기타 | 泡菜 pàocài 김치 \| 萝卜泡菜 luóbo pàocài 무김치 \| 韭菜泡菜 jiǔcài pàocài 부추김치 \| 黄瓜泡菜 huángguā pàocài 오이소박이 \| 南瓜粥 nánguāzhōu 호박죽 \| 鲍鱼粥 bàoyúzhōu 전복죽 \| 米酿饮料 mǐniàng yǐnliào 식혜 \| 柿饼汁 shìbǐngzhī 수정과 \| 团子 tuánzi 경단 \| 土豆糕 tǔdòugāo 감자떡 \| 蒸糕 zhēnggāo 시루떡 \| 打糕 dǎgāo 인절미 |

# 04과

## 贵公司发的邮件已经收到了。
귀사에서 보낸 메일은 이미 받았습니다.

Track 19

**핵심구문 ❶**

你发的邮件已经收到了。
당신이 보낸 메일은 이미 받았어요.

**핵심구문 ❷**

有什么问题及时跟我联系。
무슨 문제가 있으면 그때그때 저한테 연락 주세요.

**핵심구문 ❸**

你好好看邮件内容，然后答复我们吧。
메일 내용을 잘 살펴보시고 답장 주세요.

오늘 큰 사고 한 건 터뜨릴 뻔했다.

발주량을 잘못 써서 보낸 것이다. 만 개를 천 개로 쓰다니……

주 사장님이 알아보시고 확인해 주셨기에 망정이지,

시말서 쓸 뻔했다.

휴~ 오늘도 이렇게 안도의 숨을 쉬며 하루를 마감한다.

## 이메일

상황1  메일 수신 확인하기
상황2  메일 내용 확인하기
상황3  내용에 오류 사항이 있을 때
　　－ 동사 以为 | 전치사 按照 | 及时의 용법 |
　　　형용사 难免

## Biz 맛있는 단어

Track 20

- 收到 shōudào  　　동 받다
- 以为 yǐwéi  　　동 ~라고 여기다
- 明白 míngbai  　　형 명백하다
- 按照 ànzhào  　　전 ~에 따라서
- 及时 jíshí  　　명 제때에
- 到底 dàodǐ  　　부 도대체
- 垃圾邮箱 lājī yóuxiāng  　　명 스팸 메일함
- 呀 yā  　　감탄 어머나
- 存 cún  　　동 존재하다, 저장하다
- 内容 nèiróng  　　명 내용
- 答复 dáfù  　　동 답변하다, 회답하다
  ➕ 回复 huífù 회신하다
- 不是……, 是…… bú shì……, shì…… ~가 아니라 ~이다
- 我说呢 wǒ shuō ne 　　그러면 그렇지, 내가 뭐랬어
- 难免 nánmiǎn  　　형 피하기 힘들다
- 犯 fàn  　　동 범하다
  ➕ 犯罪 fànzuì 죄를 범하다 | 犯傻 fànshǎ 바보짓을 하다 | 犯病 fànbìng 병이 재발하다
- 错误 cuòwù  　　명 실수, 잘못

| New words

## ● <비즈니스 필수 표현> 성어와 속담(3)

☐☐ **三天打鱼，两天晒网** 사흘간 고기를 잡고 이틀간 그물을 말리다, 작심삼일이다
sān tiān dǎ yú, liǎng tiān shài wǎng

☐☐ **半途而废** 일을 도중에 포기하다
bàn tú ér fèi

☐☐ **持之以恒** 오랫동안 견지하다, 끈기를 가지고 지속하다
chí zhī yǐ héng

☐☐ **自强不息** 노력하여 게을리 하지 않다
zì qiáng bù xī

☐☐ **一人做事一人当** 자신이 한 일은 자신이 책임진다
yì rén zuò shì yì rén dāng

+ 중국 비즈니스는 이제 微信으로~

중국인과 비즈니스를 할 때는 '微信(wēixìn)'을 쓰면 좋다. 요즘처럼 '속도전'이 요구되는 시대에는 이메일도 느리다고 느낄 수가 있으니 말이다. 휴대 전화에서 'wechat' 앱을 다운받아 아이디와 휴대 전화 번호 등을 간단히 등록하면 OK! 카톡을 하듯 그렇게 중국인과 대화를 하면 된다.
앗! 대화는 물론 중국어로!

## 맛있는 회화

### 상황1 메일 수신 확인하기 [Track 21]

金成功 你收到我发的邮件了吗?
Nǐ shōudào wǒ fā de yóujiàn le ma?

周丽君 没有。你是什么时候发的?
Méiyou. Nǐ shì shénme shíhou fā de?

金成功 昨天下午发的。
Zuótiān xiàwǔ fā de.

周丽君 我还以为❶你没发过来呢。
Wǒ hái yǐwéi nǐ méi fā guòlai ne.

金成功 我跟您说好昨天发嘛。您再告诉我您的邮件地址。
Wǒ gēn nín shuōhǎo zuótiān fā ma. Nín zài gàosu wǒ nín de yóujiàn dìzhǐ.

周丽君 saletop@163.com。
saletop at yāo liù sān dot com.

### 상황2 메일 내용 확인하기 [Track 22]

周丽君 你发的邮件已经收到了。
Nǐ fā de yóujiàn yǐjing shōudào le.

金成功 您明白我们的要求了?
Nín míngbai wǒmen de yāoqiú le?

周丽君 明白。我们就按照❷你们的要求做样品可以了吧?
Míngbai. Wǒmen jiù ànzhào nǐmen de yāoqiú zuò yàngpǐn kěyǐ le ba?

金成功 对。有什么问题及时❸跟我联系。
Duì. Yǒu shénme wèntí jíshí gēn wǒ liánxì.

| Dialogue

**상황3** 내용에 오류 사항이 있을 때   Track 23

**金成功** 你又没有收到我的邮件啊?
Nǐ yòu méiyou shōudào wǒ de yóujiàn a?

**周丽君** 是啊。你没写错我的邮件地址吧?
Shì a. Nǐ méi xiěcuò wǒ de yóujiàn dìzhǐ ba?

**金成功** 我看着你的名片写的。
Wǒ kànzhe nǐ de míngpiàn xiě de.

**周丽君** 那这个邮件到底去哪儿了?
Nà zhège yóujiàn dàodǐ qù nǎr le?

**金成功** 你快去看看垃圾邮箱里有没有。
Nǐ kuài qù kànkan lājī yóuxiāng li yǒu méiyǒu.

**周丽君** 呀!你的邮件怎么存在这里呢?
Yā! Nǐ de yóujiàn zěnme cúnzài zhèlǐ ne?

**金成功** 有时候会这样。你好好看邮件内容,然后答复我们吧。
Yǒu shíhou huì zhèyàng. Nǐ hǎohāor kàn yóujiàn nèiróng, ránhòu dáfù wǒmen ba.

**周丽君** 好的。你写的订单数量是一千,对吗?
Hǎo de. Nǐ xiě de dìngdān shùliàng shì yìqiān, duì ma?

**金成功** 不是一千,是一万。
Bú shì yìqiān, shì yíwàn.

**周丽君** 我说呢。
Wǒ shuō ne.

**金成功** 不好意思,我这真写错了。
Bù hǎoyìsi, wǒ zhè zhēn xiěcuò le.

**周丽君** 没事儿,工作上总是**难免**❹犯这样的错误。
Méishìr, gōngzuò shang zǒngshì nánmiǎn fàn zhèyàng de cuòwù.

## Biz 맛있는 어법

> **1** 我还**以为**你没发过来呢。

以为는 본인은 이렇게 알고 있었으나 실제 상황이나 결과는 다르게 나타날 때 쓰입니다. '还以为' 형태로 써서 '난 또 이런 줄 알았지'라고 강조할 수도 있습니다.

呵呵，我还**以为**你今天不能来了呢。
하하, 전 당신이 오늘 못 오는 줄 알았어요.

*呵呵 hēhē 의성 하하

我**以为**是谁呢，原来是小李。
누군가 했더니, 이 군이었군요.

▶ 해석하기   我以为是客户的邮件呢，原来是垃圾邮件。

_____

▶ 중작하기   전 당신이 벌써 제 메일을 받은 줄 알았어요.

_____


> **2** 我们就**按照**你们的要求做样品可以了吧?

按照는 '~에 따라'라는 뜻으로 동작이나 행위가 따라야 할 규칙이나 기준, 근거 등을 동반하는 전치사입니다. 목적어로 2음절 이상의 단어를 쓰며 按과 바꿔 쓸 수 있습니다.

小金的事就**按照**公司规定去处理。
김 군의 일은 회사 규정에 따라 처리할 거예요.

贵公司可以**按照**我们的要求去做吗?
귀사는 저희 쪽 요구 사항에 맞게 만들어 주실 수 있나요?

▶ 해석하기   贵公司按照我们的要求做就行。

_____

▶ 중작하기   귀사에서는 우리의 샘플대로 만드시면 됩니다.

_____

| Grammar

### ❸ 有什么问题及时跟我联系。

及时는 형용사와 부사로 쓰여, 어떤 일이나 동작이 아주 시기 적절하게 일어났거나, 어떤 일을 제때에 바로 바로 실천해야 한다는 뜻으로 쓰입니다.

**형용사** 幸亏您来得及时，要不然我真不知道该怎么办。  *幸亏 xìngkuī 📖 다행히
다행히 당신이 제때에 왔기에 망정이지, 아니면 제가 정말 어떻게 했을지 모르겠어요.

**부사** 员工食堂的卫生问题请及时处理一下。
직원 식당의 위생 문제를 바로 처리해 주시기 바랍니다.

**해석하기** 这次出现的质量问题，请及时处理一下。

**중작하기** 여러분께서 제품에 대해 불만이 있으시다면, 바로 저희한테 말씀해 주세요.

### ❹ 工作上总是难免犯这样的错误。

难免은 형용사로 어떤 일이나 결과를 '피하기 힘들다'라는 뜻으로 쓰입니다. 주로 부정적인 결과 앞에 많이 쓰이며, '是……的' 강조문에 쓰이기도 합니다.

第一次合作，大家难免都会有一些顾虑。  *顾虑 gùlù 📖 걱정하다, 주저하다
처음 거래를 하다 보면, 모두 다 어느 정도 걱정하기 마련이에요.

外国人写错字是难免的。
외국인이 글씨를 잘못 쓰는 것은 어쩔 수 없어요.

**해석하기** 第一次工作，难免犯错误。

**중작하기** 일이 바쁘다 보면, 이런저런 실수를 범하기 마련이죠.

## 연습 문제

**1** 녹음을 잘 듣고 질문에 알맞은 답을 고르세요. (Track 24)

[1-2]
❶ ⓐ 昨天下午　ⓑ 昨天上午　ⓒ 昨天晚上
❷ ⓐ 126　　　ⓑ 163　　　ⓒ 113

[3-4]
❸ ⓐ 1000　　ⓑ 5000　　ⓒ 10000
❹ ⓐ 样品　　ⓑ 图片　　ⓒ 计划

**2** 다음 대화를 완성하세요.

❶ A 你没写错我的邮件地址吧?
　 B 제가 댁의 명함을 보면서 썼거든요.

　➡ _____

❷ A 你好好看邮件内容, 그런 후에 저희에게 답장 주세요.
　 B 好的。

　➡ _____

| Exercise

**3** 다음 단어를 어순에 맞게 배열하세요.

❶ 昨天 | 您 | 说好 | 嘛 | 跟 | 发

➡ 我 _____

❷ 有 | 什么 | 及时 | 问题 | 联系 | 跟 | 我

➡ _____

❸ 你 | 快 | 里 | 垃圾邮箱 | 去看看 | 有没有

➡ _____

**4** 다음을 중국어로 써 보세요.

❶ 저에게 당신의 메일 주소를 다시 알려주세요.

➡ _____

❷ 당신이 제게 보낸 메일이 도대체 어디로 간 걸까요?

➡ _____

❸ 일을 하다 보면 늘 이런 작은 실수를 저지르게 마련이죠.

➡ _____

# 05과

## 贵公司的传真号码没有变化吧?
귀사의 팩스 번호는 바뀌지 않았지요?

**핵심구문 ❶**

这是我们的询价单。希望你们能尽快答复我们。
이건 저희 쪽 인콰이어리입니다. 되도록 빨리 답변해 주세요.

**핵심구문 ❷**

我就静候佳音。
좋은 소식 기다리겠습니다.

**핵심구문 ❸**

您还有什么吩咐尽管说。
또 뭐 분부하실 게 있으시면 편하게 말씀하세요.

우리와 중국은 문서를 쓰는 방식에서도 차이가 난다.
그냥 별것 아니라고 넘겨도 될 것 같으면서도
한편으론 그게 또 아닌 것 같기도 하고, 되도록 그쪽 양식에
맞추어 써 주면 더 좋겠지? 다른 나라와 거래를 한다는 것은
단순히 말만 잘한다고 되는 게 아니라는 김성공의 생각!!

## 팩스

상황1  팩스 수신 확인하기
상황2  팩스 번호 확인하기
상황3  추가 요청 사항 보내기
　　　- 부사 尽快 | 동사 争取 | 不是……吗? |
　　　　부사 尽管

## Biz 맛있는 단어

Track 26

- 询价单 xúnjiàdān  　　명 인콰이어리(inquiry)
- 尽快 jǐnkuài  　　부 되도록 빨리
  ➕ 尽快答复 jǐnkuài dáfù 가급적 빨리 회신하다 | 尽快处理 jǐnkuài chǔlǐ 되도록 빨리 처리하다
- 争取 zhēngqǔ  　　동 ~하려고 힘쓰다, 얻어 내다
- 静候佳音 jìnghòu jiāyīn  　　조용히 희소식을 기다리다
- 不是……吗? bú shì……ma?  　　~이 아닌가요?
- 原来 yuánlái  　　형 원래의, 본래의
- 部分 bùfen  　　명 부분
- 型号 xínghào  　　명 모델, 사이즈, 타입
- 模糊 móhu  　　형 모호하다, 분명치 않다
- 那也行 nà yě xíng  　　그래도 된다
- 付款条件 fùkuǎn tiáojiàn  　　명 지불 조건
- 上去 shàngqu  　　첨가하다, 조금씩 모으다
  ➕ 加上去 jiāshàngqu 더하다
- 吩咐 fēnfù  　　동 분부하다, 시키다
  ➕ 嘱咐 zhǔfù 당부하다
- 尽管 jǐnguǎn  　　부 얼마든지, 마음대로
- 能够 nénggòu  　　조동 ~할 수 있다

## ● <비즈니스 필수 표현> 성어와 속담(4)

- [ ] **大名鼎鼎** 명성이 높다, 이름이 높이 나다
  dàmíng dǐngdǐng

- [ ] **扬长避短** 장점(우수한 점)을 발양하고 단점(결점)을 피하다
  yáng cháng bì duǎn

- [ ] **蒸蒸日上** 날로 번영(번창)하다, 빠르게 진보하다
  zhēngzhēng rì shàng

- [ ] **酒香不怕巷子深** 물건이 좋으면 손님이 저절로 찾아온다
  jiǔxiāng bú pà xiàngzi shēn

- [ ] **市场是海，质量是船，品牌是帆** 시장은 바다이고, 품질은 배이며, 브랜드는 돛이다
  shìchǎng shì hǎi, zhìliàng shì chuán, pǐnpái shì fān

### ✚ 몇 개의 버튼만 누르면 문서 전송 OK!

중국 바이어와 중요 문서를 주고 받을 때 가장 편리하게 이용할 수 있는 것이 팩스이다. 전달 속도도 빠르고 직접 만나지 않아도 원하는 자료나 문서를 상대방에게 보낼 수 있기 때문이다. 그렇다면 중국으로 팩스를 보내는 방법은 무엇일까? 전화와 마찬가지로 국가 식별 번호를 누른 후 중국 국가 번호(86)를 누르면 된다. 그다음 '중국 지역 번호→팩스 번호' 순으로 누르면 OK! 만약 외근 중이거나 팩스를 보내기 어려운 상황이라면? 요즘은 휴대 전화 앱으로도 보낼 수 있으니 어느 장소에서나 편리하게 보내도록 하자!

## 맛있는 회화

**상황1** 팩스 수신 확인하기 　Track 27

金成功　我给你们发的传真收到了吗?
　　　　Wǒ gěi nǐmen fā de chuánzhēn shōudào le ma?

周丽君　一共两页，对吗?
　　　　Yígòng liǎng yè, duì ma?

金成功　对。这是我们的询价单。希望你们能尽快❶答复我们。
　　　　Duì. Zhè shì wǒmen de xúnjiàdān. Xīwàng nǐmen néng jǐnkuài dáfù wǒmen.

周丽君　好的。我们也争取❷早点答复。
　　　　Hǎo de. Wǒmen yě zhēngqǔ zǎodiǎn dáfù.

金成功　谢谢! 我就静候佳音。
　　　　Xièxie! Wǒ jiù jìnghòu jiāyīn.

**상황2** 팩스 번호 확인하기 　Track 28

周丽君　你不是说给我发传真吗❸?
　　　　Nǐ bú shì shuō gěi wǒ fā chuánzhēn ma?

金成功　我已经发过去了。你没收到啊?
　　　　Wǒ yǐjing fā guòqu le. Nǐ méi shōudào a?

周丽君　没呢。
　　　　Méi ne.

金成功　你们的传真号码没有变化吧?
　　　　Nǐmen de chuánzhēn hàomǎ méiyǒu biànhuà ba?

周丽君　没有。还是原来那个。
　　　　Méiyǒu. Háishi yuánlái nàge.

| Dialogue

**상황3  추가 요청 사항 보내기**  Track 29

金成功　我公司传真过去的询价单收到了吗?
　　　　Wǒ gōngsī chuánzhēn guòqu de xúnjiàdān shōudào le ma?

周丽君　我刚收到。可是有些部分看得不太清楚。
　　　　Wǒ gāng shōudào. Kěshì yǒuxiē bùfen kàn de bú tài qīngchu.

金成功　哪里不太清楚?
　　　　Nǎli bú tài qīngchu?

周丽君　型号部分有点儿模糊。
　　　　Xínghào bùfen yǒudiǎnr móhu.

金成功　是吗? 我一会儿再发一份给您。
　　　　Shì ma? Wǒ yíhuìr zài fā yí fèn gěi nín.

周丽君　要不这样，你发邮件给我吧。
　　　　Yàobù zhèyàng, nǐ fā yóujiàn gěi wǒ ba.

金成功　那也行。您用的邮件是126的吗?
　　　　Nà yě xíng. Nín yòng de yóujiàn shì yāo èr liù de ma?

周丽君　不，我现在用163的了。对了! 你发邮件时，
　　　　Bù, wǒ xiànzài yòng yāo liù sān de le. Duì le! Nǐ fā yóujiàn shí,

　　　　付款条件也写上去吧。
　　　　fùkuǎn tiáojiàn yě xiě shàngqu ba.

金成功　好的。周总，您还有什么吩咐尽管❹说。
　　　　Hǎo de. Zhōu zǒng, nín hái yǒu shénme fēnfù jǐnguǎn shuō.

周丽君　没有了。
　　　　Méiyǒu le.

金成功　周总，您什么时候能够答复我们?
　　　　Zhōu zǒng, nín shénme shíhou nénggòu dáfù wǒmen?

周丽君　明天上午我给你们答复。
　　　　Míngtiān shàngwǔ wǒ gěi nǐmen dáfù.

## Biz 맛있는 어법

**①** 希望你们能**尽快**答复我们。

尽快는 부사로 '가능한 한 속도를 내서 어떤 동작을 하겠다'라는 뜻을 나타냅니다. 주관적인 의지를 표현하며 명령문에는 쓰지 않습니다.

我希望你能**尽快**解决这个问题。
저는 당신이 되도록 빨리 이 문제를 해결했으면 합니다.

请放心，我会**尽快**回复你的。
안심하세요. 제가 되도록 빨리 회신을 드리겠습니다.

* 解决 jiějué 동 해결하다

**해석하기** 这件事我会尽快解决的。

**중작하기** 귀사에서 되도록 빨리 회답을 주셨으면 합니다.

---

**②** 我们也**争取**早点答复。

争取는 '어떤 동작을 실현하기 위해 최대한 애를 쓰다'라는 뜻을 갖고 있으며, 목적어로 구체적인 명사나 추상 명사, '동사+목적어' 형식을 동반할 수 있습니다. 때로는 '따내다, 획득하다'의 뜻으로 쓰이기도 합니다.

今天我加紧工作进度，**争取**不加班。
저는 오늘 진도를 최대한 빼서 잔업을 하지 않으려 해요.

我为公司**争取**到了一个千万元的大项目。
저는 회사를 위해 천만 위엔짜리 대형 프로젝트를 따냈어요.

* 加紧 jiājǐn 동 속도를 내다
* 项目 xiàngmù 명 프로젝트

**해석하기** 我争取年底去一趟贵公司。

**중작하기** 저희가 한 달을 당겨 임무를 완수할 수 있도록 노력하겠습니다.

| Grammar

### ③ 你**不是**说给我发传真**吗**?

화자의 생각에 대해 상대방의 동의를 구할 때 쓰는 의문문입니다. '본인은 이렇게 생각하는데 맞지 않나요?'의 뜻을 나타냅니다.

你**不是**说今天来我们公司**吗**?
오늘 우리 회사에 온다고 하지 않았나요?

他**不是**去美国了**吗**? 怎么会在这儿呢?
저 친구는 미국에 간 거 아니었나요? 어떻게 여기에 있죠?

**해석하기** 你不是说已经发了询价单了吗?

**중작하기** 이거 장 사장님 명함 아닌가요?


### ④ 您还有什么吩咐**尽管**说。

尽管은 부사로 쓰여 '마음 놓고 어떤 동작이나 행동을 하다'라는 뜻을 나타내며, 주로 긍정문에 쓰입니다. 尽管이 접속사로 쓰이면 양보를 표현하는 전환 복문에 쓰입니다.

如果碰到什么困难, **尽管**来找我。
만약 어떤 어려움에 봉착하거든 편하게 날 찾아와요.

李总, 有什么话, **尽管**开口。
이 사장님, 하실 말씀 있으시면 속 시원히 말씀하세요.

* 碰到 pèngdào 통 만나다, 봉착하다
* 开口 kāikǒu 통 말을 하다

**해석하기** 张总, 想说什么, 尽管说。

**중작하기** 자네 무슨 의문 사항 있으면, 얼마든지 우리한테 묻게.

## 연습 문제

**1** 녹음을 잘 듣고 질문에 알맞은 답을 고르세요. Track 30

[1-2]
❶ ⓐ 一页　ⓑ 两页　ⓒ 三页
❷ ⓐ 明天　ⓑ 今天　ⓒ 后天

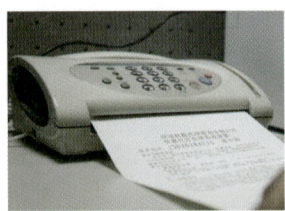

[3-4]
❸ ⓐ 收到了　ⓑ 没收到
　 ⓒ 女的还没发

❹ ⓐ 没有变化　ⓑ 有变化　ⓒ 不知道

**2** 다음 대화를 완성하세요.

❶
A 我一会儿再发一份给您。
B 要不这样，저한테 이메일을 보내 주세요.

➡ _____

❷
A 你发邮件时，지불 조건도 써 주세요.
B 好的，我一会儿就发。

➡ _____

| Exercise

**3** 다음 단어를 어순에 맞게 배열하세요.

❶ 我们 | 尽快 | 希望你们 | 答复 | 能

➡ _____

❷ 部分 | 不太 | 看 | 有些 | 清楚 | 得

➡ _____

❸ 您 | 吗 | 邮件 | 用的 | 126的 | 是

➡ _____

**4** 다음을 중국어로 써 보세요.

❶ 저희 쪽 인콰이어리입니다. 한번 보세요.

➡ _____

❷ 제가 귀사의 팩스 번호를 확인 좀 할게요.

➡ _____

❸ 언제 저희 쪽에 답변을 주실 수 있나요?

➡ _____

# 비즈 실전 정보

## ★ 실전 문서 ❶ 이메일

- 편지 쓰기
- 보내기
- 미리보기
- 저장하기
- 취소하기
- 받은 편지
- 수신함
- 중요 메일
- 임시 보관함
- 보낸 메일
- 보낸 사람
- 받는 사람
- 제목
- 첨부 파일

上海服装公司：
　　您好! ……… 시작할 때 두 칸 띄운다

此致敬礼! ……… 이상 인사드립니다(공문·서신의 말미에 쓰는 인사말)
金成功
_____年_____月_____日 ……… 날짜는 이름 아래에 쓴다

又及：추신

## ★ 알아두면 유용한 주제별 비즈 단어

- 이메일

| 중국어 | 병음 | 뜻 |
|---|---|---|
| 邮箱 | yóuxiāng | 메일함 |
| 邮件地址 | yóujiàn dìzhǐ | 메일 주소 |
| 收件箱 | shōujiànxiāng | 수신함 |
| 发件箱 | fājiànxiāng | 발신함 |
| 草稿箱 | cǎogǎoxiāng | 임시 보관함 |
| 登陆 | dēnglù | 로그인 |
| 退出 | tuìchū | 로그아웃 |
| 垃圾邮箱 | lājī yóuxiāng | 스팸 메일함 |
| 红旗邮件 | hóngqí yóujiàn | 중요 메일 |
| 通讯录 | tōngxùnlù | 주소록 |
| 附件 | fùjiàn | 첨부 파일 |
| 超大邮件 | chāodà yóujiàn | 대용량 파일 |
| 短信通知 | duǎnxìn tōngzhī | 문자 알리미 |
| 删除 | shānchú | 삭제 |
| 预览 | yùlǎn | 미리보기 |
| 转发 | zhuǎnfā | 전달 |
| 回复 | huífù | 답장 |
| 回复全部 | huífù quánbù | 전체 답장 |
| 存草稿 | cúncǎogǎo | 저장하기 |

# 06과

## 后天就把样品寄给你们。
모레 샘플을 부쳐 줄게요.

Track 31

**핵심구문 ①**

再给我们做几件样品，好吗？
저희한테 샘플 몇 가지만 더 만들어 주실래요?

**핵심구문 ②**

说实在的，那种布料现在很难找。
솔직히 말해서, 그 원단은 지금 구하기가 힘들어요.

**핵심구문 ③**

那也没关系。你先帮我们找一找。
그래도 괜찮아요. 한번 찾아봐 주세요.

신제품 생산을 위해 샘플 제작 중.

이번 샘플 제작이 성공하면 올 하반기에도

선점을 할 수 있을 것 같다. 세 가지 중에서 두 가지는 성공!

나머지 한 가지는 지금 진행 중이니, 곧 좋은 소식이 있겠지.

하반기 승리를 위해 아자! 아자!

### 샘플 요청

상황 1  다른 업체의 샘플을 받았을 때
상황 2  샘플 추가 요청하기
상황 3  요청한 샘플 제작이 어려울 때

- A是A, 不过…… | 对……来说 | 不一定 | 一边……一边……

## Biz 맛있는 단어

Track 32

- ☐☐ A是A, 不过…… A shì A, búguò…… ~하긴 하지만, 그러나
- ☐☐ 直说 zhíshuō　　　　　통 직설하다, 솔직히 말하다
  ➕ 直话直说 zhíhuà zhíshuō 터놓고 말하다 |
  绕着弯子说 ràozhe wānzi shuō 돌려서 말하다
- ☐☐ 婚纱 hūnshā　　　　　명 웨딩드레스
- ☐☐ 对……来说 duì……láishuō　 ~에게 있어서는
- ☐☐ 重要 zhòngyào　　　　 형 중요하다
- ☐☐ 说实在的 shuō shízài de　 솔직히 말해서
  ➕ 说实话 shuō shíhuà 솔직히 말하다
- ☐☐ 表面上 biǎomiàn shang　 외관상, 겉으로는
- ☐☐ 染 rǎn　　　　　　　 통 염색하다
  ➕ 染料 rǎnliào 염료
- ☐☐ 厂家 chǎngjiā　　　　　명 공장, 제조업자
- ☐☐ 代替 dàitì　　　　　　 통 대체하다
- ☐☐ 不一定 bùyídìng　　　　 반드시 ~한 것은 아니다
  ➕ 未必 wèibì 꼭 ~한 것은 아니다 |
  说不定 shuōbudìng 아마 ~일지도 모른다
- ☐☐ 一边……一边…… yìbiān……yìbiān…… ~하면서 ~하다

## 〈비즈니스 필수 표현〉 샘플 요청

- [ ] **贵公司的样品做得很好。** 귀사의 샘플은 잘 만들었네요.
  Guì gōngsī de yàngpǐn zuò de hěn hǎo.

- [ ] **我们提供的样品是免费的。** 저희가 제공한 샘플은 무료입니다.
  Wǒmen tígōng de yàngpǐn shì miǎnfèi de.

- [ ] **这些已经不生产了，所以我们不能提供样品。**
  Zhèxiē yǐjing bù shēngchǎn le, suǒyǐ wǒmen bù néng tígōng yàngpǐn.
  이 제품들은 지금은 생산하지 않기 때문에 샘플을 제공할 수가 없습니다.

- [ ] **贵公司要求的样品，我们一个星期之内能做到。**
  Guì gōngsī yāoqiú de yàngpǐn, wǒmen yí ge xīngqī zhīnèi néng zuòdào.
  귀사가 주문한 샘플을 저희는 일주일 내에 제작할 수 있습니다.

- [ ] **贵公司做的样品不符合我们的要求。**
  Guì gōngsī zuò de yàngpǐn bù fúhé wǒmen de yāoqiú.
  귀사가 제작한 샘플은 저희가 제시한 조건에 안 맞네요.

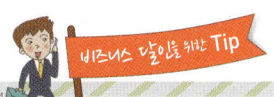

### ✚ 쓰임에 따라 읽는 방식이 다르다! 샘플 코드와 규격 읽는 법

비즈니스를 하면서 가장 신경 써야 할 부분 중에 하나가 바로 숫자이다. 숫자 하나에 따라 단위와 크기가 달라지기 때문이다. 따라서 거래처에 샘플 코드와 규격을 불러줄 때는 반드시 주의해야 한다. 같은 숫자라도 제품의 코드 번호는 숫자를 하나씩 떼어 읽어주고, 규격을 읽어줄 때는 자리 수까지 읽어주어야 한다는 점을 잊지 말자.

S 4056 38 × 20" ➡ S 四零五六, 三十八乘二十英寸
　　　　　　　　　　　샘플 코드　　　　규격
T 77005 40 × 50cm ➡ T 七七零零五, 四十乘五十厘米
　　　　　　　　　　　샘플 코드　　　　규격

## Biz 맛있는 회화

**상황1** 다른 업체의 샘플을 받았을 때  Track 33

周丽君  金代理，我们的样品收到了吗?
Jīn dàilǐ, wǒmen de yàngpǐn shōudào le ma?

金成功  收到是收到，不过❶好像收到了别人的样品。
Shōudào shì shōudào, búguò hǎoxiàng shōudào le biérén de yàngpǐn.

周丽君  怎么了? 你直说吧。
Zěnme le? Nǐ zhíshuō ba.

金成功  你们寄来的是新娘婚纱。
Nǐmen jì lái de shì xīnniáng hūnshā.

周丽君  啊? 那是日本客户的。真不好意思，我们寄错了。
Á? Nà shì Rìběn kèhù de. Zhēn bù hǎoyìsi, wǒmen jìcuò le.

金成功  没关系。这婚纱呢，就算是送给我新娘的好了。
Méi guānxi. Zhè hūnshā ne, jiù suànshì sònggěi wǒ xīnniáng de hǎo le.

**상황2** 샘플 추가 요청하기  Track 34

金成功  周总，再给我们做几件样品，好吗?
Zhōu zǒng, zài gěi wǒmen zuò jǐ jiàn yàngpǐn, hǎo ma?

周丽君  你们要哪个型号的?
Nǐmen yào nǎge xínghào de?

金成功  CJ2233RD的，要三件可以吧?
CJ èr èr sān sān RD de, yào sān jiàn kěyǐ ba?

周丽君  可以，我现在就去处理。
Kěyǐ, wǒ xiànzài jiù qù chǔlǐ.

| Dialogue

**상황3** 요청한 샘플 제작이 어려울 때  Track 35

金成功　周总我们要的样品都做好了吗?
Zhōu zǒng wǒmen yào de yàngpǐn dōu zuòhǎo le ma?

周丽君　两个型号的已经做好了，就是CJ2233的还没做好。
Liǎng ge xínghào de yǐjing zuòhǎo le, jiù shì CJ èr èr sān sān de hái méi zuòhǎo.

金成功　怎么还没做好呀? 对我们来说❷，那件最重要。
Zěnme hái méi zuòhǎo ya? Duì wǒmen lái shuō, nà jiàn zuì zhòngyào.

周丽君　这我也知道。说实在的，那种布料现在很难找。
Zhè wǒ yě zhīdào. Shuō shízài de, nà zhǒng bùliào xiànzài hěn nán zhǎo.

金成功　布料难找? 什么意思?
Bùliào nán zhǎo? Shénme yìsi?

周丽君　这种布料从表面上看跟别的布料一样，可染起来特麻烦。
Zhè zhǒng bùliào cóng biǎomiàn shang kàn gēn bié de bùliào yíyàng, kě rǎn qǐlái tè máfan.
所以很多厂家不愿做呢。
Suǒyǐ hěn duō chǎngjiā bú yuàn zuò ne.

金成功　是这样啊。那有没有能代替这种布料的?
Shì zhèyàng a. Nà yǒu méiyǒu néng dàitì zhè zhǒng bùliào de?

周丽君　有是有，不过你们不一定❸满意。
Yǒu shì yǒu, búguò nǐmen bùyídìng mǎnyi.

金成功　那也没关系。你先帮我们找一找。
Nà yě méi guānxi. Nǐ xiān bāng wǒmen zhǎo yi zhǎo.

周丽君　你说这样行不? 我们一边做样品，一边❹继续找布料。
Nǐ shuō zhèyàng xíng bù? Wǒmen yìbiān zuò yàngpǐn, yìbiān jìxù zhǎo bùliào.

金成功　行啊。那就这么着吧。
Xíng a. Nà jiù zhème zhāo ba.

周丽君　好。我后天就把样品寄给你们。
Hǎo. Wǒ hòutiān jiù bǎ yàngpǐn jìgěi nǐmen.

## Biz 맛있는 어법

**1** 收到是收到，不过好像收到了别人的样品。

'A是A, 不过……'는 어떤 사람이나 사물이 '어떠한 좋은 점을 갖고 있긴 한데, 하지만 ~'이라는 뜻을 나타내는 표현으로 不过 뒤에 부족하거나 안 좋은 면이 제시됩니다.

这个牌子的产品好是好，不过有点儿贵。
이 브랜드 제품은 좋긴 좋은데, 조금 비싸요.

这个方法好是好，不过做起来太麻烦了。
이 방법이 좋긴 좋은데, 막상 하려면 너무 번거로워요.

▶ 해석하기  这家的样品好是好，不过价格高了点儿。
_____

▶ 중작하기  이 옷감은 좋긴 한데, 구하기가 아주 힘들어요.
_____


**2** 对我们来说，那件最重要。

'对……来说'는 '어떤 사람이나 사물의 관점에서 볼 때'라는 뜻을 나타내며 '对……来讲' 형식으로도 쓰입니다.

对您来说，区区几万还算问题吗?
댁한테 겨우 몇 만 위안이 무슨 문제가 되나요?

对我来说，年龄从来不是问题。
저한테 나이는 한 번도 문제가 된 적이 없어요.

＊ 区区 qūqū 형 시시하다, 보잘것없다

▶ 해석하기  对小公司来说，成本很重要。
_____

▶ 중작하기  우리에게 있어, 제품의 품질은 무엇보다 중요합니다.
_____

| Grammar

### ③ 不过你们不一定满意。

不一定은 어떤 동작 앞에 쓰여 '꼭 그렇게 하지 않아도 된다, 반드시 그렇게 되지는 않을 것이다'라는 뜻을 나타냅니다.

外观看着好的不一定质量也好。
외관이 괜찮아 보인다고 해서, 반드시 품질이 좋은 것은 아니에요.

当然了，我说的也不一定就对，大家讨论一下。
당연해요. 제 말이 반드시 맞는다고는 할 수 없으니, 다 같이 토론을 하자고요.

*外观 wàiguān 명 외관, 겉모습

**[해석하기]** 质量好的产品不一定价格很贵。

**[중작하기]** 이런 제품이 꼭 잘 팔리는 것은 아니에요.


### ④ 我们一边做样品，一边继续找布料。

'一边……一边……'은 병렬 복문으로 동시에 두 가지 이상의 동작을 할 때 쓰는 표현입니다. '边……边……'이라고 할 수도 있는데, 이때는 반드시 1음절 동사만 동반할 수 있습니다.

我们还是一边吃饭，一边聊天吧。
우리 그냥 밥 먹으면서 얘기하죠.

他们一边走，一边看展览品。
그들은 걸으면서 전시품을 구경했어요.

**[해석하기]** 我们一边吃，一边谈生意吧。

**[중작하기]** 우리는 생산하면서, 원자재를 구할게요.

# 연습 문제

**1** 녹음을 잘 듣고 질문에 알맞은 답을 고르세요. Track 36

[1-2]
① ⓐ 衬衫　ⓑ 婚纱　ⓒ 西服
② ⓐ 日本　ⓑ 泰国　ⓒ 俄罗斯

[3-4]
③ ⓐ 一个　ⓑ 两个　ⓒ 没做
④ ⓐ 没有钱　ⓑ 没有设计师　ⓒ 没有布料

**2** 다음 대화를 완성하세요.

① A 真不好意思, 저희가 잘못 부쳤네요.
   B 没关系, 我们也不着急。

➡ _____

② A 어떤 모델이 필요하세요?
   B CJ2233RD的。

➡ _____

**3** 다음 단어를 어순에 맞게 배열하세요.

❶ 你们 | 是 | 新娘婚纱 | 的 | 寄来

➡ _____

❷ 周总 | 件 | 样品 | 几 | 再给 | 我们 | 吧 | 做

➡ _____

❸ 看 | 表面上 | 这种布料 | 跟 | 布料 | 别的 | 一样 | 从

➡ _____


**4** 다음을 중국어로 써 보세요.

❶ 이 원단을 대체할 만한 건 없나요?

➡ _____

❷ 이 원단은 시장에서 매우 구하기 힘들어서 저희도 매우 조급해요.

➡ _____

❸ 자네 이 샘플들을 중국 바이어에게 부치게.

➡ _____

# 07 과

## 两家的样品没什么差别。
두 회사의 샘플은 별 차이가 없어요.

Track 37

**핵심구문 ❶**
### 质量可以，价格方面也能接受。
품질도 괜찮고, 가격도 그만하면 됐어요.

**핵심구문 ❷**
### 我们也得慎重考虑成本。
우린 원가도 신중하게 따져봐야 해요.

**핵심구문 ❸**
### 这件事，就包在你身上了。
이 일은 당신에게 맡길게요.

내년 춘계 제품 확보를 위해 가공 공장 수배 중.
여러 곳의 샘플을 받아본 결과, 역시나 품질과 가격이라는
두 마리 토끼를 안겨주는 곳은 없었다.
그래도 최대한 밀고 당기기를 해봐야지, 회사에게 있어
'생산 원가'를 줄이는 일은 그 무엇보다 중요하니까.

### 샘플 평가

상황1 샘플 도착 날짜 확인하기
상황2 샘플 비교하기
상황3 샘플 관련하여 보고하기

— 海归 | 부사 光 | 没的说 | 包在……身上

## Biz 맛있는 단어

Track 38

- 其中 qízhōng　　　대 그중에, 그 안에
- 到齐 dàoqí　　　동 모두 도착하다, 다 오다
- 烟台 Yāntái　　　고유 옌타이
- 海归 hǎiguī　　　해외에서 유학을 하거나 일을 하다가 돌아온 사람
- 接受 jiēshòu　　　동 받아들이다, 수락하다
- 仔细 zǐxì　　　형 자세하다, 세심하다, 꼼꼼하다
- 做工 zuògōng　　　명 솜씨, 기술
- 光 guāng　　　부 오로지, 단지
- 其他 qítā　　　대 기타, 다른 사람
- 差别 chābié　　　명 차이, 차별, 격차
- 估计 gūjì　　　동 추측하다, 예측하다
- 关键 guānjiàn　　　명 관건, 키포인트
  + 关键时刻 guānjiàn shíkè 결정적인 순간
- 国内经济 guónèi jīngjì　　　국내 경제
- 低迷 dīmí　　　형 불경기이다, 불황이다
- 慎重 shènzhòng　　　형 신중하다
- 考虑 kǎolǜ　　　동 고려하다, 생각하다
- 包在……身上 bāozài……shēnshang　　　~에게 맡기다
- 全力以赴 quán lì yǐ fù　　　성 최선을 다하다

| New words

## •〈비즈니스 필수 표현〉성어와 속담(5)

☐☐ **此一时，彼一时** 그때는 그때이고 지금은 지금이다. 시간이 달라지면 상황도 달라진다
cǐ yì shí, bǐ yì shí

☐☐ **礼尚往来** 예의상 오가는 것을 중시한다. 오는 정이 있으면 가는 정이 있다
lǐ shàng wǎng lái

☐☐ **有来有往** 서로 간에 평등하게 왕래하다. 공평한 거래를 하다
yǒu lái yǒu wǎng

☐☐ **成千上万** 수천수만, 대단히 많다
chéng qiān shàng wàn

☐☐ **易如反掌** 손바닥을 뒤집는 것처럼 쉽다, 식은 죽 먹기다
yì rú fǎn zhǎng

### ✚ 항상 예비 거래처를 확보해 두자!

중국과 거래를 하다 보면, 발주한 제품이 샘플과 다르게 납품되는 경우를 종종 보게 된다. 이럴 경우를 대비해 샘플로 받은 제품은 반드시 잘 보관해 두었다가 본 제품에 문제가 있을 경우 증거로 제시해야 한다. 또한 만약의 경우를 위해 예비 거래처를 두세 곳 정도 확보해 두는 것이 좋다. 그렇지 않고 한 곳만 믿고 있다가 문제가 발생하면 수습하는 데 곤란을 겪을 수 있기 때문이다. 물론 단일 거래처와 아무 문제없이 오랫동안 거래할 수 있으면 좋겠지만 사람의 일이란 알 수 없는 것, '유비무환' 정신은 대 중국 사업에서 꼭 필요한 것임을 잊지 말자.

# 맛있는 회화

**상황1** 샘플 도착 날짜 확인하기  Track 39

李大福  这次要了几家的样品?
Zhècì yào le jǐ jiā de yàngpǐn?

金成功  要了三家的样品，其中两家是收费的，一家是免费提供的。
Yào le sān jiā de yàngpǐn, qízhōng liǎng jiā shì shōufèi de, yì jiā shì miǎnfèi tígōng de.

李大福  是吗? 他们的样品大概什么时候到?
Shì ma? Tāmen de yàngpǐn dàgài shénme shíhou dào?

金成功  下星期能到齐。
Xià xīngqī néng dàoqí.

李大福  听说，烟台公司的老板是海归❶。
Tīngshuō, Yāntái gōngsī de lǎobǎn shì hǎiguī.

金成功  对。她以前在法国留学过。
Duì. Tā yǐqián zài Fǎguó liúxuéguo.

**상황2** 샘플 비교하기  Track 40

同 事  你觉得哪家的样品最好?
Nǐ juéde nǎ jiā de yàngpǐn zuì hǎo?

金成功  我觉得广州的不错，质量可以，价格方面也能接受。
Wǒ juéde Guǎngzhōu de búcuò, zhìliàng kěyǐ, jiàgé fāngmiàn yě néng jiēshòu.

同 事  可是仔细看浙江那家的做工好。
Kěshì zǐxì kàn Zhèjiāng nà jiā de zuògōng hǎo.

金成功  别光❷看它做工好，价格比广州的贵十块。
Bié guāng kàn tā zuògōng hǎo, jiàgé bǐ Guǎngzhōu de guì shí kuài.

| Dialogue

**상황 3** 샘플 관련하여 보고하기  Track 41

**李大福** 样品都到齐了吗?
Yàngpǐn dōu dàoqí le ma?

**金成功** 烟台的还没到，其他两家的都到了。
Yāntái de hái méi dào, qítā liǎng jiā de dōu dào le.

**李大福** 那两家的质量怎么样?
Nà liǎng jiā de zhìliàng zěnmeyàng?

**金成功** 两家没什么差别，就是价格方面还是广州的便宜。
Liǎng jiā méi shénme chābié, jiùshì jiàgé fāngmiàn háishi Guǎngzhōu de piányi.

**李大福** 是吗? 不知烟台那边的怎么样。
Shì ma? Bù zhī Yāntái nàbiān de zěnmeyàng.

**金成功** 烟台那个公司是周总推荐的，产品应该不会错吧?
Yāntái nàge gōngsī shì Zhōu zǒng tuījiàn de, chǎnpǐn yīnggāi bú huì cuò ba?

**李大福** 我估计也是。周总说，他们的产品**没的说**❸。
Wǒ gūjì yě shì. Zhōu zǒng shuō, tāmen de chǎnpǐn méi de shuō.

**金成功** 可是关键还是价格嘛。
Kěshì guānjiàn háishi jiàgé ma.

**李大福** 对。现在国内经济低迷，我们也得慎重考虑成本。
Duì. Xiànzài guónèi jīngjì dīmí, wǒmen yě děi shènzhòng kǎolǜ chéngběn.

**金成功** 是。明天收到样品，我会好好比比。
Shì. Míngtiān shōudào yàngpǐn, wǒ huì hǎohāo bǐbǐ.

**李大福** 好的。这件事，就**包在你身上**❹了。
Hǎo de. Zhè jiàn shì, jiù bāozài nǐ shēnshang le.

**金成功** 行，我会全力以赴的。
Xíng, wǒ huì quán lì yǐ fù de.

## 맛있는 어법

**① 听说，烟台公司的老板是海归。**

海归는 21세기에 들어서면서 유행하기 시작한 말로 '유학파'를 가리킵니다. 海龟(hǎiguī)라고도 합니다.

现在在中国，海归的就业前景很不错。
지금 중국에서는 유학파의 취업 전망이 꽤 괜찮은 편이에요.

第二届海归人才招聘会21日在北京举行。
제2회 유학생 인재 채용 박람회가 21일 베이징에서 열립니다.

* 招聘会 zhāopìnhuì
  명 채용 박람회

**해석하기** 听说，部长是海归，他是美术专业的。

_____

**중작하기** 회사에 유학파 디자이너가 몇 명 있는데, 제가 보기에는 다 괜찮아요.

_____


**② 别光看它做工好，价格比广州的贵十块。**

光은 범위를 나타내는 부사로 '오로지'의 뜻을 나타내며 동사, 형용사, 명사, 수량사 앞에 위치합니다. 只, 单과 바꿔 쓸 수도 있습니다.

你别光顾着贪便宜竟买些质量不好的东西。
너 괜히 싼 것만 찾다가 되레 품질이 안 좋은 것을 사는 일이 없도록 해라.

我光顾着看电视了，没看到你回来。
제가 텔레비전에만 정신이 팔려서 당신이 돌아온 것도 몰랐네요.

* 顾 gù 동 고려하다, 정신을 집중하다
* 贪便宜 tān piányi 싼 물건을 좋아하다

**해석하기** 别光顾着价格，这样怎么保证质量呢？

_____

**중작하기** 말만 해서는 소용없고, 반드시 결과가 있어야 해요.

_____

| Grammar

### ③ 他们的产品没的说。

'没的说'는 관용어로 사람이나 사물이 흠잡을 데가 없거나, 사이가 너무 좋을 때 씁니다. '没说的'라고 말할 수도 있으며 사람이나 사물이 너무 형편없을 때는 '没法说'를 쓰면 됩니다.

没的说，他们的产品符合出口标准。
말할 것도 없어요. 그 회사 제품은 수출 기준에 부합됩니다.

我跟他的关系铁得没的说。
나와 그 친구 사이는 너무 좋아서 말할 것도 없어요.

* 符合 fúhé 통 부합하다, 일치하다
* 铁 tiě 형 관계가 긴밀하다, 단단하다

■ 해석하기   他呀，没的说，工作能力真强。
_____

■ 중작하기   그 회사 제품은 말할 것도 없어요. 그건 모두가 아는 사실이에요.
_____


### ④ 这件事，就包在你身上了。

'包在……身上'은 관용어로 어떤 일이나 임무를 화자 스스로 맡아서 처리하거나 다른 사람에게 맡길 때 씁니다. 이 말에는 '책임을 지다'라는 뜻이 들어 있습니다.

你放心，采购的事情就包在我身上了。
안심하세요, 구매는 제가 맡아서 하겠습니다.

既然张总说没问题，那这件事就包在张总身上了。
기왕에 장 사장님이 문제없다고 하셨으니, 그 일은 장 사장님께 맡기죠.

* 采购 cǎigòu 통 구매하다

■ 해석하기   做样品的事包在他身上，应该没问题。
_____

■ 중작하기   이 일은 저한테 맡기세요.
_____

# 연습 문제

**1** 녹음을 잘 듣고 질문에 알맞은 답을 고르세요. Track 42

[1-2]
❶ ⓐ 一家　　ⓑ 两家　　ⓒ 三家
❷ ⓐ 这个星期　ⓑ 下星期　ⓒ 下下星期

[3-4]
❸ ⓐ 浙江　　ⓑ 烟台　　ⓒ 北京
❹ ⓐ 上海　　ⓑ 义乌　　ⓒ 广州

**2** 다음 대화를 완성하세요.

❶  
A 听说，烟台公司的老板是海归。  
B 对。그녀는 전에 프랑스에서 유학한 적이 있어요.

➡ _____

❷  
A 你觉得 어느 회사의 샘플이 가장 좋나요?  
B 我觉得广州的不错。

➡ _____

| Exercise

**3** 다음 단어를 어순에 맞게 배열하세요.

❶ 他们的产品质量可以，价格 | 也 | 接受 | 方面 | 能

➡ 他们的产品质量可以，_____

❷ 那家 | 的 | 仔细看 | 好 | 浙江 | 做工

➡ _____

❸ 关键 | 价格 | 嘛 | 还是 | 可是

➡ _____

**4** 다음을 중국어로 써 보세요.

❶ 자세히 보면 이 회사가 그 회사보다 솜씨가 더 나아요.

➡ _____

❷ 세 회사의 샘플이 모두 비슷해요. 관건은 가격이에요.

➡ _____

❸ 지금 국내 경기가 안 좋으니, 우린 원가도 신중하게 따져봐야 해요.

➡ _____

# 비즈 실전 정보

## ★ 다양한 샘플 원료&각종 명칭

• 의류

天然纤维 tiānrán xiānwéi 천연 섬유 | 棉 mián 목화솜 | 麻布 mábù 삼베 | 涤纶 dílún 폴리에스테르 | 锦纶 jǐnlún 나일론 | 伸缩尼龙 shēnsuō nílóng 신축성 나일론 | 腈纶 jīnglún 아크릴 | 人棉 rénmián 레이온 | 真丝 zhēnsī 실크 | 氨纶 ānlún 스판덱스 | 长丝 chángsī 필라멘트 | 阳离子 yánglízǐ 양이온 | 超细纤维 chāoxì xiānwéi 마이크로 섬유 | 灯芯绒 dēngxīnróng 코르덴 | 立绒 lìróng 벨벳 | 羊毛 yángmáo 양모 | 粗花呢 cūhuāní 트위드 | 毛料 máoliào 모직물 | 针织 zhēnzhī 편직 | 面纱 miànshā 베일, 면사포 | 格子花 gézihuā 격자무늬 | 圆点花 yuándiǎnhuā 도트무늬 | 条纹 tiáowén 스트라이프 | 风帽 fēngmào 후드 | 夹克 jiākè 재킷 | 斗篷 dǒupeng 망토 | 燕尾服 yànwěifú 연미복 | 猎装 lièzhuāng 사파리 재킷 | 大披巾 dàpījīn 숄 | V型领 V xínglǐng V넥 | 套服 tàofú 슈트 | 马裤 mǎkù 승마용 바지

• 신발류

皮 pí 가죽 | 牛皮 niúpí 소가죽 | 羊皮 yángpí 양가죽 | 鳄鱼皮 èyúpí 악어 가죽 | 漆皮 qīpí 에나멜 가죽 | 合成革 héchénggé 합성 피혁 | 橡胶 xiàngjiāo 고무 | 沙丁布 shādīngbù 새틴 | 沙绸 shāchóu 메시(그물처럼 생긴 편물·직물) | 烫金 tàngjīn 금박 처리 | 蛇纹 shéwén 뱀 무늬 | 柔软加工 róuruǎn jiāgōng 유연 가공 | 凉鞋 liángxié 샌들 | 靴子 xuēzi 장화, 부츠 | 布鞋 bùxié 컨버스 | 室内鞋 shìnèixié 실내화 | 拖鞋 tuōxié 슬리퍼 | 鱼嘴鞋 yúzuǐxié 토오픈 슈즈 | 反绒皮鞋 fǎnróng píxié 스웨이드 슈즈 | 时装鞋 shízhuāngxié 패션 슈즈 | 高跟鞋 gāogēnxié 하이힐 | 平底鞋 píngdǐxié 플랫슈즈

• 보석류

珍珠 zhēnzhū 진주 | 翡翠 fěicuì 비취 | 红宝石 hóngbǎoshí 루비 | 黄晶 huángjīng 황수정, 토파즈 | 烟水晶 yānshuǐjīng 연수정 | 紫水晶 zǐshuǐjīng 자수정 | 珊瑚 shānhú 산호 | 蓝宝石 lánbǎoshí 사파이어 | 海蓝宝石 hǎilán bǎoshí 아콰마린 | 祖母绿 zǔmǔlǜ 에메랄드 | 琥珀 hǔpò 호박 | 蛋白石 dànbáishí 오팔 | 钻石 zuànshí 다이아몬드 | 戒指 jièzhi 반지 | 玉石戒指 yùshí jièzhi 옥가락지 | 金戒指 jīnjièzhi 금반지 | 耳环 ěrhuán 귀고리 | 手镯 shǒuzhuó 팔찌 | 脚链 jiǎoliàn 발찌

## ★ 알아두면 유용한 주제별 비즈 단어

- 단위

| | | |
|---|---|---|
| 길이 | 厘米 límǐ 센티미터(cm) | |
| | 米 mǐ 미터(m) | |
| | 公里(=千米) gōnglǐ(=qiānmǐ) 킬로미터(km) | |
| | 英寸 yīngcùn 인치(in) | |
| | 英尺 yīngchǐ 피트(ft) | |
| | 码 mǎ 야드(yd) | |
| | 英里 yīnglǐ 마일(mile) | |
| 무게 | 克 kè 그램(g) | |
| | 公斤 gōngjīn 킬로그램(kg) | |
| | 吨 dūn 톤(t) | |
| | 磅 bàng 파운드(lb) | |
| | 市斤 shìjīn 근 | |
| 부피 | 立方厘米 lìfāng límǐ 세제곱센티미터($cm^3$) | |
| | 立方分米 lìfāng fēnmǐ 세제곱데시미터($dm^3$) | |
| | 立方米 lìfāngmǐ 세제곱미터($m^3$) | |
| | 立方吋 lìfāngcùn 세제곱인치($in^3$) | |
| | 立方呎 lìfāngchǐ 세제곱피트($ft^3$) | |
| | 立方码 lìfāngmǎ 세제곱야드($yd^3$) | |
| | 升 shēng 리터(lit) | |
| 넓이 | 平方公里 píngfāng gōnglǐ 제곱킬로미터($km^2$) | |
| | 公顷 gōngqǐng 헥타르(ha) | |
| | 公亩 gōngmǔ 아르(a) | |
| | 平方米 píngfāngmǐ 제곱미터($m^2$) | |
| | 平方呎 píngfāngchǐ 제곱피트($ft^2$) | |
| | 平方码 píngfāngmǎ 제곱야드($yd^2$) | |
| | 平方哩 píngfānglǐ 제곱마일($mile^2$) | |

중국의 이름 있는 전시회에 가보면 그 규모가 상상 이상이다.

중국 진출을 꿈꾸는 기업이라면,

중국에서 개최하는 전시회에 참가하는 것도

괜찮은 방법인 것 같다.

단, 지명도가 높은 전시회는 참가 비용이 만만치 않아

조금 부담스럽긴 하다.

## 전시회 준비

상황 1  국제 의류 전시회에 대해 이야기할 때
상황 2  전시회 기본 부스에 대해 이야기할 때
상황 3  의류 전시회에 대해 물을 때

- 동사 主办 | 不仅……也 | 동사 为止 |
  정도부사 蛮

# Biz 맛있는 단어

Track 44

- 国际服装展 guójì fúzhuāngzhǎn 국제 의류 전시회
- 开展 kāizhǎn 동 전시회가 열리다
- 唐丽丽 Táng Lìlì 고유 탕리리(당려려)[인명]
- 月份 yuèfèn 명 달
- 展会 zhǎnhuì 명 전시회, 전람회
  + 展览会 zhǎnlǎnhuì 전람회
- 主办 zhǔbàn 동 주관하다, 주최하다
- 中国服装协会 Zhōngguó Fúzhuāng Xiéhuì 고유 중국 의류 협회
- 知名度 zhīmíngdù 명 지명도
- 不仅……也…… bùjǐn……yě…… ~뿐만 아니라 ~도
- 成交量 chéngjiāoliàng 명 거래량
- 标准展位 biāozhǔn zhǎnwèi 명 기본 부스
  + 特装展位 tèzhuāng zhǎnwèi 독립 부스
- 费用 fèiyòng 명 비용
- 面积 miànjī 명 면적
- 平方米 píngfāngmǐ 양 제곱미터(㎡)
- 设施 shèshī 명 시설
- 地毯 dìtǎn 명 카펫
- 名称 míngchēng 명 명칭
- 楣板 méibǎn 명 간판
- 射灯 shèdēng 명 스포트라이트
- 简易桌 jiǎnyìzhuō 명 간이 탁자
- 插座 chāzuò 명 콘센트
- 垃圾桶 lājītǒng 명 휴지통
- 上海国际展览中心 Shànghǎi Guójì Zhǎnlǎn Zhōngxīn 고유 상하이 국제 전시 센터
- 截止日期 jiézhǐ rìqī 마감 시간
- 预付 yùfù 동 선불하다, 예납하다
- 为止 wéizhǐ 동 ~까지 마감하다
- 余款 yúkuǎn 명 잔금, 잔고
- 提早 tízǎo 동 시간을 앞당기다
- 优惠 yōuhuì 형 우대의, 특혜의
- 届 jiè 양 회
- 蛮 mán 부 매우, 아주
- 体会 tǐhuì 동 체득하다

| New words

## ●〈비즈니스 필수 표현〉성어와 속담(6)

☐☐ **应有尽有** 온갖 것이 다 있다, 없는 것이 없다
yīng yǒu jìn yǒu

☐☐ **首屈一指** 으뜸가다
shǒu qū yī zhǐ

☐☐ **实报实销** 실제 지출에 근거하여 청산하다
shí bào shí xiāo

☐☐ **自负盈亏** 손익을 스스로 책임지다
zìfù yíngkuī

☐☐ **车到山前必有路** 일정한 단계까지 노력하면 결국은 해결책이 있게 마련이다
chē dào shānqián bì yǒu lù

**＋ 제품을 알릴 수 있는 좋은 기회, 중국 전시회 참가하기**

자사 제품을 알리거나 타사 제품을 이해하기 위해서는 때때로 중국 전시회(박람회)에 참가해 보는 것도 괜찮은 방법이다. 실제로 중국 전시회에 참가해 보면, 우리나라에서 개최되는 전시회와는 비교도 안 될 만큼 규모가 크다. 중국 전시회에 대한 자료는 한국 무역 협회(www.kita.net)나 하나투어 등의 여행사에서 얻을 수 있으며, 전시회 주최 측과 직접 연락하거나 대행사를 통해 참가 신청을 할 수 있다. 참가하기 전에 먼저 진행 중인 전시회를 참관하면서 분위기를 파악해 보는 것도 좋은 방법이다.

# 맛있는 회화

**상황1** 국제 의류 전시회에 대해 이야기할 때  Track 45

金成功  这次国际服装展什么时候开展?
Zhècì guójì fúzhuāngzhǎn shénme shíhou kāizhǎn?

唐丽丽  今年十月份。
Jīnnián shí yuèfèn.

金成功  这个展会是哪个单位主办❶的?
Zhège zhǎnhuì shì nǎge dānwèi zhǔbàn de?

唐丽丽  是中国服装协会主办的。
Shì Zhōngguó Fúzhuāng Xiéhuì zhǔbàn de.

金成功  这个展会知名度高不高?
Zhège zhǎnhuì zhīmíngdù gāo bu gāo?

唐丽丽  我们的展会不仅知名度很高，成交量也❷很大。
Wǒmen de zhǎnhuì bùjǐn zhīmíngdù hěn gāo, chéngjiāoliàng yě hěn dà.

**상황2** 전시회 기본 부스에 대해 이야기할 때  Track 46

金成功  您能告诉我标准展位的费用和面积吗?
Nín néng gàosu wǒ biāozhǔn zhǎnwèi de fèiyòng hé miànjī ma?

唐丽丽  标准展位3500美元，面积为9个平方米。
Biāozhǔn zhǎnwèi sānqiān wǔbǎi Měiyuán, miànjī wéi jiǔ ge píngfāngmǐ.

金成功  标准展位包括哪些设施?
Biāozhǔn zhǎnwèi bāokuò nǎxiē shèshī?

唐丽丽  展位内地毯、带公司名称中、英文楣板一条、射灯两支、
Zhǎnwèi nèi dìtǎn, dài gōngsī míngchēng Zhōng, Yīngwén méibǎn yì tiáo, shèdēng liǎng zhī,

简易桌一张、椅子两把、插座一个、垃圾桶一个。
jiǎnyìzhuō yì zhāng, yǐzi liǎng bǎ, chāzuò yí ge, lājītǒng yí ge.

| Dialogue

**상황3** 의류 전시회에 대해 물을 때  Track 47

金成功  这个展会地点在哪儿?
Zhège zhǎnhuì dìdiǎn zài nǎr?

唐丽丽  上海国际展览中心。
Shànghǎi Guójì Zhǎnlǎn Zhōngxīn.

金成功  展会的报名截止日期是什么时候?
Zhǎnhuì de bàomíng jiézhǐ rìqī shì shénme shíhou?

唐丽丽  报名截止日期为8月30号。
Bàomíng jiézhǐ rìqī wéi bā yuè sānshí hào.

金成功  报名的时候要预付多少?
Bàomíng de shíhou yào yùfù duōshao?

唐丽丽  先付50%费用，到9月20号为止❸交完余款。
Xiān fù bǎi fēn zhī wǔshí fèiyòng, dào jiǔ yuè èrshí hào wéizhǐ jiāowán yúkuǎn.

金成功  如果提早报名有没有优惠?
Rúguǒ tízǎo bàomíng yǒu méiyǒu yōuhuì?

唐丽丽  当然有。贵公司8月以前报名的话，可以享受百分之十的优惠。
Dāngrán yǒu. Guì gōngsī bā yuè yǐqián bàomíng de huà, kěyǐ xiǎngshòu bǎi fēn zhī shí de yōuhuì.

金成功  参加这届展会的都有哪些国家?
Cānjiā zhè jiè zhǎnhuì de dōu yǒu nǎxiē guójiā?

唐丽丽  有美国、法国、日本、意大利等二十几个国家。
Yǒu Měiguó、Fǎguó、Rìběn、Yìdàlì děng èrshí jǐ ge guójiā.

金成功  看来，这个展会规模蛮❹大的。
Kànlái, zhège zhǎnhuì guīmó mán dà de.

唐丽丽  那是，您亲自参加会更有体会的。
Nà shì, nín qīnzì cānjiā huì gèng yǒu tǐhuì de.

## Biz 맛있는 어법

**①** 这个展会是哪个单位主办的?

主办은 '어떤 행사나 모임을 주최하고 주관한다'라는 뜻을 가진 동사입니다. 전치사 由를 동반해 '由……主办(~에서 주최하다)'의 형식으로 자주 쓰입니다.

由中国城市燃气协会主办的国际燃气展览会在北京举办。
중국 도시가스 협회에서 주최하는 국제 가스 전시회가 베이징에서 열립니다.

本公司主办过第一届国际葡萄酒节。
폐사는 제1회 국제 와인 축제를 개최했습니다.

* 城市燃气 chéngshì rǎnqì 몡 도시가스
* 举办 jǔbàn 통 거행하다
* 节 jié 몡 축제일

◀ 해석하기 ▶ 由现代汽车主办的国际车展在北京举办。

◀ 중작하기 ▶ 이 전시회는 어느 회사가 주관하는 것인가요?


**②** 我们的展会不仅知名度很高, 成交量也很大。

'不仅……也……'는 점층 복문의 형식으로, '~ 뿐만 아니라, 게다가 ~하다'의 뜻을 나타냅니다. 不仅은 不但, 不仅仅과 바꿔 쓸 수 있으며, 也는 뒤 절의 문두나 주어 뒤에 위치할 수 있습니다.

她不仅人长得漂亮, 心地也很善良。
그녀는 생김새가 예쁠 뿐 아니라, 마음씨도 착해요.

这里的苹果不仅产量高, 质量也好。
이곳의 사과는 생산량이 높을 뿐 아니라, 품질도 좋아요.

* 善良 shànliáng 혱 착하다

◀ 해석하기 ▶ 我们的产品不仅质量好, 价格也合理。

◀ 중작하기 ▶ 그 회사는 규모가 클 뿐 아니라, 기술 수준도 높아요.

| Grammar

**③ 到9月20号为止交完余款。**

为止는 시간이나 진도 등에 쓰여 어떤 일이 종료되는 시점을 표현합니다. 비즈니스 회화에서는 '到……为止(~까지 하다), 到此为止(여기까지)' 등으로 자주 쓰입니다.

迄今为止，我公司没有过偷税漏税的行为。
지금까지, 우리 회사는 세금 포탈을 한 적이 없습니다.

到目前为止，报名的公司已有一百家。
현재까지 신청한 회사는 이미 100개에 달합니다.

＊迄今为止 qìjīn wéizhǐ
　지금까지
＊偷税漏税 tōushuì
　lòushuì 세금 포탈

▶ 해석하기  到今天为止，报名的公司只有10家。

▶ 중작하기  여러분 6월 21일까지 비용을 납부해 주세요.


**④ 看来，这个展会规模蛮大的。**

정도부사 蛮은 '대단히, 꽤'라는 뜻으로 很, 挺과 같으며, 적극적인 뜻을 가진 단어 앞에 쓰여 정도가 심함을 나타냅니다. 중국의 남방 지역에서 많이 사용됩니다.

没想到董事长还蛮风趣的。
뜻밖에도 사장님께서는 아주 유머러스하신 걸요.

这个广告真的蛮不错的。
이 광고는 정말이지 참 괜찮네요.

＊风趣 fēngqù
　휑 유머러스하다, 해학적이다

▶ 해석하기  听他说，这个公司蛮不错。

▶ 중작하기  이 회사에는 외국 직원이 참 많아요.

# Biz 연습 문제

**1** 녹음을 잘 듣고 질문에 알맞은 답을 고르세요. Track 48

[1-2]
① ⓐ 4月份　ⓑ 10月份　ⓒ 12月份
② ⓐ 很大　ⓑ 不大　ⓒ 几乎没有

[3-4]
③ ⓐ 6个平方米　ⓑ 9个平方米　ⓒ 36平方米
④ ⓐ 8月13号　ⓑ 8月30号　ⓒ 8月31号

**2** 다음 대화를 완성하세요.

① A 이 전시회의 전시장은 어디인가요?
　 B 上海国际展览中心。

　➡ _____

② A 만약에 미리 신청할 경우 우대 혜택이 있나요?
　 B 当然有。

　➡ _____

**3** 다음 단어를 어순에 맞게 배열하세요.

❶ 标准 | 设施 | 展位 | 哪 | 包括 | 些

➡ _____

❷ 先付50%费用，余款 | 完 | 为止 | 交 | 9月20号 | 到

➡ 先付50%费用，_____

❸ 贵公司8月以前报名的话，优惠 | 可以 | 百分之十 | 享受 | 的

➡ 贵公司8月以前报名的话，_____

**4** 다음을 중국어로 써 보세요.

❶ 이번 전시회에 참가한 국가는 21개에 달합니다.

➡ _____

❷ 직접 참가해 보시면 더 잘 알게 되실 거예요.

➡ _____

❸ 저는 이번에 중국에 갈 때 자동차 쇼를 참관할 생각이에요.

➡ _____

상하이에서 열리는 전시회에 참관하러 갔었다.

다양한 상품들이 우리의 눈을 사로 잡는다.

우후죽순으로 생겨난 많은 업체 중에서

드디어 우리가 찾는 콘셉트의 제품이 있는 업체 발견!

상담을 거쳐 샘플 구입과 회사 방문을 하기로 했다.

## 전시회 상담

상황1 타사 제품에 대해 문의할 때
상황2 타사 제품의 샘플을 요청할 때
상황3 타 업체 방문 날짜 잡기

— 大部分 | 동사 接受 | 명사 印象 | 好说

# Biz 맛있는 단어

Track 50

- 内销 nèixiāo  [동] 국내 판매를 하다
- 唐美 Táng Měi  [고유] 탕메이(인명)
- 大部分 dàbùfen  [명] 대부분
- 欧美 ŌuMěi  [고유] 유럽과 미주, 유럽과 미국
- 年产量 nián chǎnliàng  연 생산량
  + 月产量 yuè chǎnliàng 월 생산량
- 样品申请单 yàngpǐn shēnqǐngdān  [명] 샘플 신청서
- 光顾 guānggù  [동] 찾아 주시다, 보살피다
- 展区 zhǎnqū  [명] 전시 구역
- 奥德莉服装有限公司 Àodélì Fúzhuāng Yǒuxiàn Gōngsī  [고유] 오드리어패럴
- 参展 cānzhǎn  [동] 전시회에 참가하다, 출품하다
- 印象 yìnxiàng  [명] 인상, 느낌
  + 第一印象 dì-yī yìnxiàng 첫인상
- 设计 shèjì  [명] 디자인 [동] 디자인하다
- 新颖 xīnyǐng  [형] 새롭다, 참신하다
- 吸引 xīyǐn  [동] 흡인하다, 매료시키다
- 评价 píngjià  [동] 평가하다
- 参观 cānguān  [동] 견학하다, 시찰하다
- 好说 hǎoshuō  [동] 걱정할 필요 없다, 문제없다
- 结束 jiéshù  [동] 끝나다
- 拜访 bàifǎng  [동] 삼가 방문하다, 예방하다

| New words

## ●〈비즈니스 필수 표현〉 전시회

☐☐ **您对哪个展区感兴趣?** 귀하는 어느 전시관에 관심이 있나요?
Nín duì năge zhănqū găn xìngqù?

☐☐ **根据规定，看好样品，就可以当场订货。**
Gēnjù guīdìng, kànhăo yàngpĭn, jiù kĕyĭ dāngchăng dìnghuò.
규정에 따라, 샘플이 마음에 들면 즉석에서 바로 주문할 수 있습니다.

☐☐ **请填一下订货单。** 주문서를 작성해 주세요.
Qĭng tián yíxià dìnghuòdān.

☐☐ **这是我们办事处的地址，有事情随时跟我们联系。**
Zhè shì wŏmen bànshìchù de dìzhĭ, yŏu shìqing suíshí gēn wŏmen liánxì.
여기가 저희 사무소 주소입니다. 용무가 있으시면 언제든지 연락하세요.

☐☐ **请看，这是产品说明书。** 이건 제품 설명서입니다.
Qĭng kàn, zhè shì chănpĭn shuōmíngshū.

### ✚ 广州交易会(광저우 교역회)

'中国进出口商品交易会(중국 수출입 상품 교역회 : Canton Fair)' 즉 '广州交易会(광저우 교역회)'는 '广交会(Guăngjiāohuì)'라 줄여 부른다. 1957년에 시작되었으며 매년 춘계, 추계 두 차례 广州(Guăngzhōu)'에서 개최된다. 현재 중국에서 가장 오랜 전통을 가지고 있으며 규모면에서도 최고를 자랑하는 전시회로, 제품의 종류, 참가 인원, 거래량이 가장 많은 종합적인 국제 무역 박람회이다. 공식 홈페이지(www.cantonfair.org.cn)에 들어가면 한글 버전으로 그 내용을 볼 수 있다.

춘계 전시 기간 : 매년 4월 15일~5월 5일
추계 전시 기간 : 매년 10월 15일~11월 4일
장소 : 中国进出口商品交易会展馆(中国广州市海珠区阅江中路380号)

## 맛있는 회화

**상황1** 타사 제품에 대해 문의할 때 　Track 51

金成功　唐小姐，你们这些产品是内销的还是出口的?
　　　　Táng xiǎojiě, nǐmen zhèxiē chǎnpǐn shì nèixiāo de háishi chūkǒu de?

唐 美　我们的产品大部分❶都是出口的。
　　　　Wǒmen de chǎnpǐn dàbùfen dōu shì chūkǒu de.

金成功　这些主要出口到哪儿?
　　　　Zhèxiē zhǔyào chūkǒu dào nǎr?

唐 美　我们的产品主要出口到欧美国家。
　　　　Wǒmen de chǎnpǐn zhǔyào chūkǒu dào Ōu-Měi guójiā.

金成功　你们公司的年产量是多少?
　　　　Nǐmen gōngsī de nián chǎnliàng shì duōshao?

唐 美　我们年生产两百万件。
　　　　Wǒmen nián shēngchǎn liǎngbǎi wàn jiàn.


**상황2** 타사 제품의 샘플을 요청할 때 　Track 52

金成功　唐小姐，你们的产品可以提供样品吗?
　　　　Táng xiǎojiě, nǐmen de chǎnpǐn kěyǐ tígōng yàngpǐn ma?

唐 美　我们收费提供样品。您能接受❷这个条件吗?
　　　　Wǒmen shōufèi tígōng yàngpǐn. Nín néng jiēshòu zhège tiáojiàn ma?

金成功　可以。我们要BJ1108BK和CM3320BL各五件。
　　　　Kěyǐ. Wǒmen yào BJ yāo yāo líng bā BK hé CM sān sān èr líng BL gè wǔ jiàn.

唐 美　请填一下样品申请单。
　　　　Qǐng tián yíxià yàngpǐn shēnqǐngdān.

| Dialogue

**상황3  타 업체 방문 날짜 잡기**  Track 53

唐 美： 欢迎您光顾我们的展区。我是奥德莉服装有限公司的唐美。
Huānyíng nín guānggù wǒmen de zhǎnqū. Wǒ shì Àodélì Fúzhuāng Yǒuxiàn Gōngsī de Táng Měi.

金成功： 唐美小姐，您好！这是我的名片。
Táng Měi xiǎojiě, nín hǎo! Zhè shì wǒ de míngpiàn.

唐 美： 金先生，您是韩国公司的？
Jīn xiānsheng, nín shì Hánguó gōngsī de?

金成功： 对。贵公司这次参展的产品是贵公司的最新产品吧？
Duì. Guì gōngsī zhècì cānzhǎn de chǎnpǐn shì guì gōngsī de zuìxīn chǎnpǐn ba?

唐 美： 是的。我们的产品在这届展会上很受欢迎，
Shì de. Wǒmen de chǎnpǐn zài zhè jiè zhǎnhuì shang hěn shòu huānyíng,

不知您的印象❸怎么样？
bù zhī nín de yìnxiàng zěnmeyàng?

金成功： 很好。你们的产品设计新颖挺吸引人的。
Hěn hǎo. Nǐmen de chǎnpǐn shèjì xīnyǐng tǐng xīyǐn rén de.

唐 美： 谢谢您的高度评价！
Xièxie nín de gāodù píngjià!

金成功： 唐小姐，可以的话，我想直接去你们公司参观参观。
Táng xiǎojiě, kěyǐ de huà, wǒ xiǎng zhíjiē qù nǐmen gōngsī cānguān cānguān.

唐 美： 这好说❹。您打算什么时候去呢？
Zhè hǎoshuō. Nín dǎsuan shénme shíhou qù ne?

金成功： 我想展会结束后去看看。
Wǒ xiǎng zhǎnhuì jiéshù hòu qù kànkan.

唐 美： 那就25号以后吧。
Nà jiù èrshíwǔ hào yǐhòu ba.

金成功： 也行，我26号去拜访您。
Yě xíng, wǒ èrshíliù hào qù bàifǎng nín.

## Biz 맛있는 어법

**1** 我们的产品大部分都是出口的。

大部分은 반수 이상의 많은 양이나 부분을 나타냅니다. 사람이나 사물에 다 쓸 수 있고 '大部分+명사+동작' 형식으로 많이 쓰입니다.

我大部分时间都用在了学习新的知识上。
저는 대부분의 시간을 새로운 지식을 배우는 데 써요.

大部分人都以为这家公司的产品会成为世界名牌。
대다수의 사람들은 이 회사의 제품이 세계 명품이 될 것이라고 여겨요.

**해석하기** 我们的产品大部分是内销的。

**중작하기** 공장에 있는 엔지니어 대부분이 유학파예요.


**2** 您能接受这个条件吗?

接受는 동사로 어떤 사물이나 사실에 대해 거절하지 않고 수락한다는 뜻을 나타냅니다. 목적어로 추상 명사 邀请(yāoqǐng 요청), 批评(pīpíng 비판), 教训(jiàoxun 교훈), 贿赂(huìlù 뇌물) 등을 자주 동반합니다.

课长接受了我的建议，修改了生产计划。
과장님께서 저의 건의를 받아들여 생산 계획을 수정하셨어요.

这种突如其来的灾难任谁也难以接受。
이렇게 갑작스레 발생한 재난은 누구라도 받아들이기 힘들어요.

* 突如其来 tū rú qí lái
  형 갑자기 발생하다
* 灾难 zāinàn 명 재난
* 任 rèn 접 ~일지라도
* 难以 nányǐ 형 ~하기 힘들다

**해석하기** 公司领导们愿意接受员工的建议。

**중작하기** 저희는 귀사의 요구 사항을 들어드릴 수 있습니다.

| Grammar

### ③ 不知您的印象怎么样?

印象은 사람이나 사물에 대한 인상이나 느낌을 나타냅니다. '对……印象(~에 대한 인상), 留……印象(~한 인상을 남기다)'의 형식으로 많이 쓰입니다.

**面试官对你的第一印象很重要。**
당신에 대한 면접관의 첫인상이 중요해요.

**这次旅行，黄山四绝给他留下了很深的印象。**
이번 여행에서, 황산의 4대 경관은 그에게 깊은 인상을 남겼어요.

* 面试官 miànshìguān
  명 면접관
* 黄山 Huángshān 고유 황산
* 四绝 sì jué 4대 경관(소나무, 괴석, 운해, 온천을 말함)

▌해석하기 ▎ 去面试时，你留给面试官的印象是非常重要的。

▌중작하기 ▎ 귀사는 저희한테 좋은 인상을 남겼습니다.


### ④ 这好说。

好说는 관용어로 상대방의 제안이나 부탁에 대해 문제가 없다고 말할 때 씁니다. '没问题'나 '放心吧'로 바꿔 쓸 수 있습니다.

**这好说，我叫张工修理就行。**
문제없어요, 제가 장 기사님을 불러다 수리하면 돼요.

**好说，好说，我们可以帮你的忙。**
걱정 마세요, 걱정 마세요. 우리가 당신을 도울 수 있어요.

* 工 gōng
  명 기술자, 엔지니어(工程师 gōngchéngshī의 줄임말)

▌해석하기 ▎ 这好说，我们派人去调查情况吧。

▌중작하기 ▎ 걱정 마세요, 걱정 마세요, 저희가 내일 샘플을 제공할게요.

9과 欢迎您光顾我们的展区。• 107

# Biz 연습 문제

**1** 녹음을 잘 듣고 질문에 알맞은 답을 고르세요. Track 54

[1-2]
❶ ⓐ 亚洲　　ⓑ 欧美　　ⓒ 非洲
❷ ⓐ 一百万件
　 ⓑ 两百万件
　 ⓒ 一两百万件

[3-4]
❸ ⓐ 免费　　ⓑ 买一送一　　ⓒ 收费
❹ ⓐ 5件　　ⓑ 10件　　ⓒ 15件

**2** 다음 대화를 완성하세요.

❶ A 我们的产品 이번 전시회에서 인기가 많았습니다.
　 B 你们的产品设计新颖挺吸引人的。

　➡ _____

❷ A 我想 직접 귀사를 견학하고 싶은데요. (동사중첩)
　 B 欢迎您到我们公司来。

　➡ _____

**3** 다음 단어를 어순에 맞게 배열하세요.

❶ 这些 | 大部分 | 产品 | 出口 | 是 | 都 | 的

➡ _____

❷ 我们的 | 主要 | 到 | 出口 | 欧美 | 产品 | 国家

➡ _____

❸ 想 | 去 | 我 | 结束 | 后 | 看看 | 展会

➡ _____

**4** 다음을 중국어로 써 보세요.

❶ 전시회 기간에 저희는 무료로 샘플을 제공해 드립니다.

➡ _____

❷ 저희 전시 부스에 오신 것을 환영합니다.

➡ _____

❸ 이것들은 다 저희 회사가 최근에 내놓은 신제품입니다.

➡ _____

# 비즈 실전 정보

★ 중국의 전시회

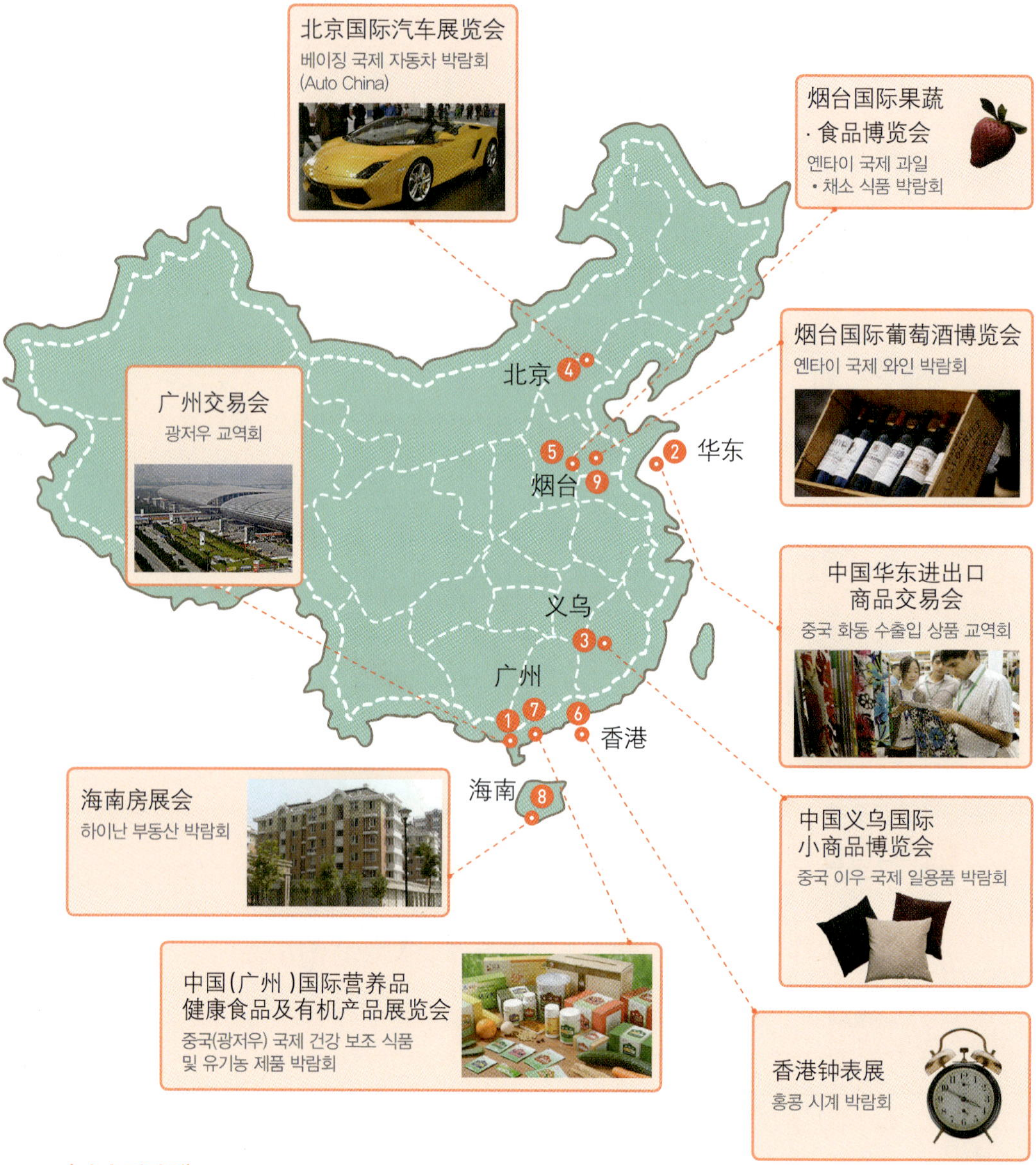

**北京国际汽车展览会**
베이징 국제 자동차 박람회
(Auto China)

**烟台国际果蔬·食品博览会**
옌타이 국제 과일·채소 식품 박람회

**广州交易会**
광저우 교역회

**烟台国际葡萄酒博览会**
옌타이 국제 와인 박람회

**中国华东进出口商品交易会**
중국 화동 수출입 상품 교역회

**中国义乌国际小商品博览会**
중국 이우 국제 일용품 박람회

**海南房展会**
하이난 부동산 박람회

**中国(广州)国际营养品健康食品及有机产品展览会**
중국(광저우) 국제 건강 보조 식품 및 유기농 제품 박람회

**香港钟表展**
홍콩 시계 박람회

〈기타 전람회〉

- 中国景德镇国际陶瓷博览会 중국 징더전 국제 도자기 박람회
- 亚太区美容展 아시아 태평양 미용 박람회
- 亚太区国际葡萄酒及烈酒展览会 비넥스포 아시아–태평양(Vinexpo Asia–Pacific) 박람회
- 中国国际燃气技术设备展览会 중국 국제 가스 기술 설비 박람회(GAS China)

## ★ 알아두면 유용한 주제별 비즈 단어

• 전시회

| 중국어 | 병음 | 뜻 |
| --- | --- | --- |
| 博览会 | bólǎnhuì | 박람회 |
| 展位 | zhǎnwèi | 부스 |
| 展品 | zhǎnpǐn | 전시품 |
| 展台 | zhǎntái | 전시대, 진열대 |
| 展厅经理 | zhǎntīng jīnglǐ | 전시홀 경영 관리자 |
| 展览设施 | zhǎnlǎn shèshī | 전시 시설 |
| 展期 | zhǎnqī | 전시 기간 |
| 撤展期 | chèzhǎnqī | 철수 기간 |
| 场地 | chǎngdì | 장소 |
| 参展商 | cānzhǎnshāng | 참가 기업 |
| 参展商手册 | cānzhǎnshāng shǒucè | 참가 업체 메뉴얼 |
| 出口许可证 | chūkǒu xǔkězhèng | 수출면장 |
| 展馆平面图 | zhǎnguǎn píngmiàntú | 전시회 평면도 |
| 会议策划人 | huìyì cèhuàrén | 미팅 플래너 |
| 服务机构 | fúwù jīgòu | 서비스 기관 |
| 辅助服务 | fǔzhù fúwù | 부가 서비스 |
| 连锁店 | liánsuǒdiàn | 체인점 |
| 紧急出口 | jǐnjí chūkǒu | 비상구 |
| 灭火器 | mièhuǒqì | 소화기 |
| 主办单位 | zhǔbàn dānwèi | 주최 기관 |
| 承办单位 | chéngbàn dānwèi | 주관 기관 |
| 协办单位 | xiébàn dānwèi | 후원 기관 |

# 我们报的是成交价格。

저희가 제시한 것은 거래 가격입니다.

Track 55

**핵심구문 ❶**

你们的报价有效期是几天?

귀사의 오퍼 유효 기간은 며칠인가요?

**핵심구문 ❷**

如果你们的价格合理，我们可以马上订货。

만약 귀사의 가격이 적당하다면, 저희는 바로 주문하겠습니다.

**핵심구문 ❸**

希望你们提出一个更加合理的价格。

귀사에서 더욱 합리적인 가격을 제시하길 바랍니다.

샘플 품질 통과! 본격적으로 문의서와 견적서 교환.

시작부터 쌍방의 줄다리기가 팽팽하다.

첫 거래 치고 발주량이 많으니,

아마도 거래를 안 하겠다고는 하지 않겠지?

바로 연락을 준다고 했으니 기다려 보자고.

### 견적서

상황1 오퍼 유효 기간 확인하기
상황2 견적가 조정하기
상황3 견적가 협상하기

― 부사 难以 | 동사 便于 | 부사 不断 | 부사 反正

# Biz 맛있는 단어

Track 56

| 传 chuán | 동 전하다 |
| 报价 bàojià | 명 오퍼, 견적 동 오퍼를 내다 |
| 有效期 yǒuxiàoqī | 명 유효 기간 |
| 回复 huífù | 동 회신하다, 답신하다 |
| 尽早 jǐnzǎo | 부 되도록 일찍 |
| 偏 piān | 형 치우치다, 편향되다 동 차이가 나다 |
| 难以 nányǐ | 부 ~하기 어렵다 |
| 便于 biànyú | 동 ~하기 쉽다 |
| 订购 dìnggòu | 동 주문하다 |
| 估计价格 gūjì jiàgé | 명 견적 가격 |
| 自然 zìrán | 형 자연의, 당연하다 |
| 调整 tiáozhěng | 동 조정하다 |
| 合理 hélǐ | 형 합리적이다 |
| 发盘 fāpán | 명 오퍼 동 오퍼를 내다 |
| 参考价格 cānkǎo jiàgé | 명 참고 가격 |
| 成交价格 chéngjiāo jiàgé | 명 거래 가격 |
| 面料 miànliào | 명 원단 |
| 不断 búduàn | 부 부단히, 끊임없이 |
| 上涨 shàngzhǎng | 동 물가가 오르다 |
| 汇率 huìlǜ | 명 환율 |
| 稳定 wěndìng | 형 안정되다 |
| 竞争力 jìngzhēnglì | 명 경쟁력 |
| 反正 fǎnzhèng | 부 어쨌든 |
| FOB价格 FOB jiàgé | FOB 가격(=离岸价格 lí'àn jiàgé 본선 인도 가격) |
| CIF价格 CIF jiàgé | CIF 가격(=到岸价格 dào'àn jiàgé 운임 보험료 포함 가격) |
| 订货 dìnghuò | 동 주문하다, 발주하다 |
| 更加 gèngjiā | 부 더욱더, 훨씬 |

## | New words

### ●〈비즈니스 필수 표현〉성어와 속담(7)

- □□ **货比三家** 물건을 살 때는 세 집의 것을 비교해 보고 산다
  huò bǐ sān jiā

- □□ **讨价还价** 값을 흥정하다
  tǎo jià huán jià

- □□ **一本万利** 적은 자본으로 큰 이익을 얻다
  yì běn wàn lì

- □□ **百闻不如一见** 백문이 불여일견이다. 백 번 듣는 것이 한 번 보는 것만 못하다
  bǎi wén bùrú yí jiàn

- □□ **先小人，后君子**
  xiān xiǎorén, hòu jūnzǐ
  선소인 후군자, 일을 시작하기 전에는 꼼꼼하게 따지지만, 일단 결정된 후에는 약속을 지킨다

### ✚ 중국 사업은 지역별로 공략하자!!

중국에서 사업을 할 생각이라면 지역별로 공략해야 성공할 수 있다. 중국은 일 개 성(省) 하나만 보더라도 그 면적이 우리나라와 비슷하거나 크다. 거기에 지역마다 사람들의 특성 또한 각각 다르다. 남·북방 사람들의 생각이 다르고, 세분화된 지역별로 사업 스타일도 모두 다르다. 그러니, 중국 전체를 사업 대상으로 삼겠다고 나선다면 그것은 중국을 모르고 하는 말! '천리 길도 한 걸음부터(千里之行, 始于足下 qiān lǐ zhī xíng, shǐ yú zú xià)'라는 말을 되새기며, 일단 중국과 중국인의 특성을 파악한 후 내 아이템과 맞는 성(省)이나 도시를 선택하는 편이 중국 사업을 성공으로 이끄는 열쇠가 될 것이다.

# 맛있는 회화

### 상황1  오퍼 유효 기간 확인하기  Track 57

**唐美**: 我已经把说明书和报价单传给你了，不知道你收到没有。
Wǒ yǐjing bǎ shuōmíngshū hé bàojiàdān chuángěi nǐ le, bù zhīdào nǐ shōudào méiyou.

**金成功**: 我刚刚收到。你们的报价有效期是几天?
Wǒ gānggāng shōudào. Nǐmen de bàojià yǒuxiàoqī shì jǐ tiān?

**唐美**: 有效期三天，希望你们能够尽快回复。
Yǒuxiàoqī sān tiān, xīwàng nǐmen nénggòu jǐnkuài huífù.

**金成功**: 好的。我们会尽早回复。
Hǎo de. Wǒmen huì jǐnzǎo huífù.

### 상황2  견적가 조정하기  Track 58

**金成功**: 昨天你们报的价格有点儿偏高，我们难以❶接受。
Zuótiān nǐmen bào de jiàgé yǒudiǎnr piāngāo, wǒmen nányǐ jiēshòu.

**唐美**: 为了便于❷我们的报价，您可以告诉我们这次的订购数量吗?
Wèile biànyú wǒmen de bàojià, nín kěyǐ gàosu wǒmen zhècì de dìnggòu shùliàng ma?

**金成功**: 我们打算先订购两万件。
Wǒmen dǎsuan xiān dìnggòu liǎngwàn jiàn.

**唐美**: 昨天我们报的是估计价格，这回您说了订购数量，
Zuótiān wǒmen bào de shì gūjì jiàgé, zhèhuí nín shuō le dìnggòu shùliàng,

价格自然会调整一些。
jiàgé zìrán huì tiáozhěng yì xiē.

**金成功**: 如果你们的价格合理，我们可以马上订货。
Rúguǒ nǐmen de jiàgé hélǐ, wǒmen kěyǐ mǎshàng dìnghuò.

**唐美**: 那好，我们重新报价。
Nà hǎo, wǒmen chóngxīn bàojià.

| Dialogue

## 상황3 견적가 협상하기 　Track 59

**唐 美** 我们的发盘收到了吗?
Wǒmen de fāpán shōudào le ma?

**金成功** 收到了。你们报的是参考价格还是成交价格?
Shōudào le. Nǐmen bào de shì cānkǎo jiàgé háishi chéngjiāo jiàgé?

**唐 美** 我们报的是成交价格。
Wǒmen bào de shì chéngjiāo jiàgé.

**金成功** 成交价格还这么高啊?
Chéngjiāo jiàgé hái zhème gāo a?

**唐 美** 现在面料价格**不断**❸上涨、汇率也不稳定我们也没办法了。
Xiànzài miànliào jiàgé búduàn shàngzhǎng, huìlǜ yě bù wěndìng wǒmen yě méi bànfǎ le.

**金成功** 可是你们得考虑价格这么高的话，很难有市场竞争力啊。
Kěshì nǐmen děi kǎolǜ jiàgé zhème gāo de huà, hěn nán yǒu shìchǎng jìngzhēnglì a.

**唐 美** 哎呀! 这个道理谁不懂啊，所以说我们也不好做。
Āiyā! Zhège dàolǐ shéi bù dǒng a, suǒyǐ shuō wǒmen yě bù hǎozuò.

**金成功** **反正**❹，这个价格我们不能接受，你们再算一算。
Fǎnzhèng, zhège jiàgé wǒmen bù néng jiēshòu, nǐmen zài suàn yi suàn.

**唐 美** 你们要的是FOB价格还是CIF价格?
Nǐmen yào de shì FOB jiàgé háishi CIF jiàgé?

**金成功** 我们要的是CIF釜山。
Wǒmen yào de shì CIF Fǔshān.

**唐 美** 好的。你们的订货数量不少，我们还可以考虑。
Hǎo de. Nǐmen de dìnghuò shùliàng bùshǎo, wǒmen hái kěyǐ kǎolǜ.

**金成功** 希望你们提出一个更加合理的价格。
Xīwàng nǐmen tíchū yí ge gèngjiā hélǐ de jiàgé.

## 맛있는 어법

**① 我们难以接受。**

부사 难以는 '어떤 동작을 하기 쉽지 않다'라는 뜻을 나타내며 주로 2음절 동사나 형용사 앞에 위치합니다. 유사한 표현으로는 형용사 难이 있습니다.

这么好的机会，我难以拒绝。
이렇게 좋은 기회를 저는 거절하기가 쉽지 않아요.

当时是什么情形你们简直难以想象。
당시 어떤 상황이었는지 당신들은 전혀 상상 못할 걸요.

＊情形 qíngxing 명 상황, 정황

■ 해석하기  贵公司报的价格，我们难以接受。

■ 중작하기  귀사의 상황을 알다보니, 저희도 거절하기가 힘드네요.


**② 为了便于我们的报价, ……**

便于는 동사로 '어떤 일을 하기에 쉽다'라는 뜻을 나타냅니다. '为了便于……'의 형식으로 많이 쓰이며, 부정형은 '不便于'를 씁니다.

方便的话留下您的联系方式，便于我们和您合作。
저희가 선생님과 협조할 수 있도록, 괜찮으시면 선생님의 연락처를 남겨 주세요.

我们产品之所以这样设计，就是为了更加便于携带。
우리 제품을 이렇게 설계한 것은 휴대하기 편하게 하기 위해서입니다.

＊携带 xiédài 통 휴대하다

■ 해석하기  为了便于报价，请告诉我订购数量。

■ 중작하기  공장에서 현장 주임 몇 명을 구하면, 생산 관리가 쉬울 거예요.

| Grammar

**❸ 现在面料价格不断上涨。**

不断은 부사로 '끊임없이 계속 이어지다'라는 뜻을 나타냅니다. 문장에서 부사어로 쓰이고, 보어로는 쓸 수 없습니다. 때에 따라 不停과 바꿔 쓸 수 있습니다.

我们一定继续努力，不断创造新的成绩出来。
우리는 반드시 계속 노력해서, 끊임없이 새로운 성과를 거두어야 합니다.

今年他们公司不断推出新产品。
올해 그 회사는 계속해서 신제품을 출시하고 있어요.

* 创造 chuàngzào
  동 창조하다, 만들다
* 推出 tuīchū 동 출시하다

【해석하기】随着科学技术的进步，市场上新产品不断出现。

【중작하기】우리 회사에서는 고급 신제품을 계속 출시하려고 합니다.


**❹ 反正，这个价格我们不能接受，你们再算一算。**

부사 反正은 '어떤 상황에서도 그 결론이나 결과가 변하지 않는다'라는 뜻을 나타냅니다. '无论/不论/不管……反正……'의 형식으로 쓰이는 경우가 많으며, 때로는 어떤 판단에 대한 확신을 나타내기도 합니다.

反正我不管，你得把这事儿给我办妥。
어쨌든 전 상관하지 않을 테니, 당신이 이 일을 잘 처리해 주세요.

我们反正是改不了，不行你就去找其他人吧。
우리는 어쨌든 고칠 수가 없으니, 안 되면 다른 사람을 찾아가세요.

* 办妥 bàntuǒ
  동 적절하게 처리하다

【해석하기】反正你们是我们的大客户，什么都好说。

【중작하기】어쨌든 이것은 거래 가격이라, 저희는 재조정할 수 없습니다.

## 연습 문제

**1** 녹음을 잘 듣고 질문에 알맞은 답을 고르세요. Track 60

[1-2]
① ⓐ 报价单  ⓑ 说明书  ⓒ 发盘
② ⓐ 两天    ⓑ 三天    ⓒ 五天

[3-4]
③ ⓐ 参考价格  ⓑ 成交价格  ⓒ 税后价格
④ ⓐ 他们用进口原料
   ⓑ 面料价格不断上涨
   ⓒ 面料难买到

**2** 다음 대화를 완성하세요.

① A 您可以告诉我们这次的订购数量吗?
   B <u>저희는 우선 2만 벌을 주문하려고 합니다.</u>

➡ _____

② A <u>이 가격은 저희가 받아들일 수 없습니다</u>, 你们再算一算。
   B 好的。我们还可以考虑。

➡ _____

| Exercise

**3** 다음 단어를 어순에 맞게 배열하세요.

❶ 你们 | 价格 | 报的 | 有点儿 | 偏 | 高，我们难以接受

➡ _____，我们难以接受。

❷ 这回您说了订购数量，调整 | 价格 | 会 | 自然 | 一些

➡ 这回您说了订购数量，_____

❸ 价格这么高的话，难 | 很 | 竞争力 | 有 | 市场 | 啊

➡ 价格这么高的话，_____


**4** 다음을 중국어로 써 보세요.

❶ 어제 귀사가 제시한 견적가가 조금 센데요, 조정이 가능한가요?

➡ _____

❷ 귀사의 제품 가격은 합리적이네요. 저희가 바로 주문하는 걸로 결정할게요.

➡ _____

❸ 귀사에서 더욱 합리적인 가격을 제시하길 바랍니다.

➡ _____

# 11과

## 我们两家各让5美元吧。
우리가 각각 5달러씩 양보하죠.

Track 61

**핵심구문 ❶**

### 我们两家的差距太大了，我们无法接受。
양측의 차이가 너무 커서, 저희는 수락할 수 없습니다.

**핵심구문 ❷**

### 这次能够跟贵公司合作，让我很高兴。
이번에 귀사와 거래를 할 수 있게 되어 정말 기쁩니다.

**핵심구문 ❸**

### 这次一旦成交，后面还有很多订单呢。
이번 거래가 일단 성사되면, 뒤에 주문서가 밀려 있다고요.

본격적인 가격 협상 돌입.

쌍방 모두 한 치의 양보도 못하겠다는 태도이다.

그런데 국적불문하고 사업하는 사람들은 화법도 같은가 보다.

"그 가격으론 원가 회수도 못해요. 우리도 먹고 살아야죠."

하하하. 네 맞아요, 같이 먹고 살아야죠!!

## 가격 협상

상황 1  협상 조건 조정하기
상황 2  거래가 성사됐을 때
상황 3  가격 협상하기
　　－ 不是……而是…… | 부사 只好 |
　　　连……都 | ……不就完了吗?

## Biz 맛있는 단어

Track 62

| | | |
|---|---|---|
| ☐☐ | 不是……而是…… bú shì……érshì…… | ~가 아니라 ~이다 |
| ☐☐ | 到岸价格 dào'àn jiàgé | 운임 보험료 포함 가격, CIF 가격 |
| ☐☐ | 离岸价格 lí'àn jiàgé | 본선 인도 가격, FOB 가격 |
| ☐☐ | 差距 chājù | 명 차이, 갭 |
| ☐☐ | 无法 wúfǎ | 동 ~할 수 없다 |
| ☐☐ | 坚持 jiānchí | 동 견지하다, 밀고 나가다 |
| ☐☐ | 只好 zhǐhǎo | 부 부득이, ~할 수밖에 없다 |
| ☐☐ | 另 lìng | 부 별도로, 달리 |
| ☐☐ | 买卖 mǎimai | 명 교역, 거래, 매매, 장사 |
| ☐☐ | 买卖不成情义在 mǎimai bù chéng qíngyì zài | 거래는 성사되지 않더라도, 친구로는 남을 수 있다 |
| ☐☐ | 诚意 chéngyì | 명 성의 |
| ☐☐ | 基础 jīchǔ | 명 기초 |
| ☐☐ | 珍惜 zhēnxī | 동 소중히 여기다 |
| ☐☐ | 长期 chángqī | 명 장기간, 장시간 |
| ☐☐ | 将 jiāng | 부 장차 ~하게 될 것이다 |
| ☐☐ | 荣幸 róngxìng | 형 매우 영광스럽다 |
| ☐☐ | 出价 chūjià | 동 이합 (구매자가) 가격을 제시하다, 가격을 내다 |
| ☐☐ | 连……都 lián……dōu | ~조차도 |
| ☐☐ | 降 jiàng | 동 내리다, 낮추다 |
| ☐☐ | 让 ràng | 동 양보하다 |
| ☐☐ | 不就完了吗? bú jiù wán le ma? | ~인 것 아닌가? ~한 것 아닌가? |
| ☐☐ | 一旦 yídàn | 부 일단(만약) ~한다면 |
| ☐☐ | 成交 chéngjiāo | 동 이합 거래가 성립하다, 매매가 성립되다 |
| ☐☐ | 按 àn | 전 ~에 따라 |
| ☐☐ | 签 qiān | 동 서명하다, 사인하다 |
| ☐☐ | 合同 hétong | 명 계약서 |

| New words

## ● <비즈니스 필수 표현> 성어와 속담(8)

☐☐ **一举两得** 일거양득, 일석이조
yì jǔ liǎng dé

☐☐ **有利可图** 중간에서 이익을 꾀할 수 있다
yǒu lì kě tú

☐☐ **言过其实** 사실보다 과장해서 말하다
yán guò qí shí

☐☐ **舍近求远** 가까이 있는 것을 버리고 먼 곳에 있는 것을 구하다, 헛수고 하다
shě jìn qiú yuǎn

☐☐ **巧妇难为无米之炊**
qiǎofù nánwéi wú mǐ zhī chuī
아무리 솜씨 좋은 주부도 쌀이 없으면 밥을 지을 수 없다.
제아무리 뛰어난 인재라도 필요한 여건을 갖추지 않고는 일을 성사시키기 어렵다

➕ **중국 바이어와 협상 시 구두 약속은 NO!**

중국 바이어와 협상할 때는 몇 가지 주의해야 할 점이 있는데, 그 내용은 다음과 같다. 첫째, 지구전을 감수하겠다는 마음으로 여유 있게 응수한다. 둘째, 얼굴에 감정이 드러나지 않도록 조심한다. 셋째, 협상 시, 근거가 될 수 있는 구체적인 데이터나 샘플 등을 제시한다. 마지막으로 가장 주의해야 할 점은 아무리 사소한 내용일지라도 쌍방이 협의한 내용에 대해서는 반드시 문서로 남겨놓는 것이 유리하다. 우리는 구두로 한 약속도 잘 지키는 편이지만, 중국인들은 구두로 한 약속에 대해 소홀히 생각하는 경향이 있으므로 이 점 또한 염두에 두는 것이 좋다.

# Biz 맛있는 회화

**상황1** 협상 조건 조정하기  Track 63

金成功  贵公司报的是到岸价格吧?
Guì gōngsī bào de shì dào'àn jiàgé ba?

唐 美  **不是**到岸价格，**而是**❶离岸价格。
Bú shì dào'àn jiàgé, érshì lí'àn jiàgé.

金成功  这样我们两家的差距太大了，我们无法接受。
Zhèyàng wǒmen liǎng jiā de chàjù tài dà le, wǒmen wúfǎ jiēshòu.

唐 美  如果贵公司坚持到岸价格，我们也**只好**❷另找客户了。
Rúguǒ guì gōngsī jiānchí dào'àn jiàgé, wǒmen yě zhǐhǎo lìng zhǎo kèhù le.

金成功  那也行，反正买卖不成情义在嘛! 希望继续合作!
Nà yě xíng, fǎnzhèng mǎimai bù chéng qíngyì zài ma! Xīwàng jìxù hézuò!

**상황2** 거래가 성사됐을 때  Track 64

唐 美  这次能够跟贵公司合作，让我很高兴。
Zhècì nénggòu gēn guì gōngsī hézuò, ràng wǒ hěn gāoxìng.

金成功  我们也是，没想到我们两家价格谈得这么顺利。
Wǒmen yě shì, méi xiǎngdào wǒmen liǎng jiā jiàgé tán de zhème shùnlì.

唐 美  是啊，诚意是我们的合作基础。
Shì a, chéngyì shì wǒmen de hézuò jīchǔ.

金成功  没错，希望我们能在合作中继续珍惜这份诚意。
Méicuò, xīwàng wǒmen néng zài hézuò zhōng jìxù zhēnxī zhè fèn chéngyì.

唐 美  如果可以长期合作将是我们最荣幸的事情。
Rúguǒ kěyǐ chángqī hézuò jiāng shì wǒmen zuì róngxìng de shìqing.

| Dialogue

### 상황3 가격 협상하기 Track 65

**金成功** 贵公司报的价是每件50美元，我们觉得这有点儿偏高。
Guì gōngsī bào de jià shì měi jiàn wǔshí Měiyuán, wǒmen juéde zhè yǒudiǎnr piāngāo.

**唐 美** 那贵公司的出价是多少？
Nà guì gōngsī de chūjià shì duōshao?

**金成功** 我们的出价是每件40美元。
Wǒmen de chūjià shì měi jiàn sìshí Měiyuán.

**唐 美** 太低了。这个价格的话，我们连成本都❸不够了。
Tài dī le. Zhège jiàgé de huà, wǒmen lián chéngběn dōu búgòu le.

**金成功** 唐小姐，您也知道如果价格没有竞争力，我们是不会进口的。
Táng xiǎojiě, nín yě zhīdào rúguǒ jiàgé méiyǒu jìngzhēnglì, wǒmen shì bú huì jìnkǒu de.

**唐 美** 我们最多降3美元，这可不可以？
Wǒmen zuì duō jiàng sān Měiyuán, zhè kě bu kěyǐ?

**金成功** 还是太高，44美元怎么样？
Háishi tài gāo, sìshísì Měiyuán zěnmeyàng?

**唐 美** 44美元不好做，47美元。
Sìshísì Měiyuán bù hǎozuò, sìshíqī Měiyuán.

**金成功** 我们再加1美元，45美元！不能再让了。
Wǒmen zài jiā yī Měiyuán, sìshíwǔ Měiyuán! Bù néng zài ràng le.

**唐 美** 哎呀，你们再加1美元吧。
Āiyā, nǐmen zài jiā yī Měiyuán ba.

**金成功** 不行，45美元！我们两家各让5美元不就完了吗❹？
Bùxíng, sìshíwǔ Měiyuán! Wǒmen liǎng jiā gè ràng wǔ Měiyuán bú jiù wán le ma?

这次一旦成交，后面还有很多订单呢。
Zhècì yídàn chéngjiāo, hòumiàn hái yǒu hěn duō dìngdān ne.

**唐 美** 那好，就按45美元一件的价格成交！
Nà hǎo, jiù àn sìshíwǔ Měiyuán yí jiàn de jiàgé chéngjiāo!

**金成功** 好！就按这个价格签合同吧。
Hǎo! Jiù àn zhège jiàgé qiān hétong ba.

## Biz 맛있는 어법

### ① 不是到岸价格，而是离岸价格。

병렬 복문 '不是……而是……'는 '~가 아니라 ~이다'라는 뜻으로, 앞 절에서 제시한 사실을 부정하고, 뒤 절에서 제시한 사실을 긍정합니다. '不是……, 是……' 형식으로도 쓸 수 있습니다.

这不是参考价格，而是成交价格。
이것은 참고 가격이 아니라, 거래 가격입니다.

CIF价格条件下的卖方交货地点不是装运港，而是目的港。
CIF 가격 조건에서 매도인의 화물 인도 장소는 선적항이 아니라 도착항입니다.

* 卖方 màifāng 명 매도인
* 装运港 zhuāngyùngǎng 명 선적항
* 目的港 mùdìgǎng 명 도착항

▶ 해석하기  这不是到岸价格，而是离岸价格。

▶ 중작하기  이건 저희의 견적가가 아니라, 귀사의 견적가입니다.


### ② 我们也只好另找客户了。

부사 只好는 '어떤 상황에서 다른 방법이 없이 오직 이렇게 할 수밖에 없다'라는 뜻을 나타냅니다. 只好는 주어 앞에 위치할 수 있으며 뒤에 부정문을 동반할 수 있습니다.

他非要去，我只好让他去。
그가 꼭 가야겠다고 해서, 나는 할 수 없이 그 사람한테 가라고 했어요.

这辆车价格太贵，我买不起，只好放弃了。
이 차는 가격이 너무 비싸서, 전 살 수가 없어요. 그냥 포기하는 수밖에 없죠 뭐.

* 放弃 fàngqì 동 포기하다

▶ 해석하기  这种原料只有他们一家生产，我们只好买他们的。

▶ 중작하기  시간이 너무 촉박해서, 우리는 어쩔 수 없이 그들의 가격을 수락했어요.

| Grammar

### ❸ 我们连成本都不够了。

'连……都'는 '~조차도'라는 뜻을 나타내는 강조 용법으로 사람이나 사물을 강조할 수 있습니다. '连……也'로도 쓸 수 있으며, 连과 都(也) 사이에는 명사, 동사, 수량사, 절 등이 올 수 있습니다.

如果按您的价格售出，恐怕连成本都不够了。
만약 귀하가 제시한 가격으로 판매하면, 원가에도 못 미칩니다.

疑心太重的人连自己家里人都信不过。
의심이 지나치게 많은 사람은 가족까지도 못 믿어요.

＊疑心 yíxīn 몡 의심

■ 해석하기  如果这么做下去，连成本都收不回来。

■ 중작하기  오늘은 바빠서 밥 먹을 시간도 없었어요.


### ❹ 我们两家各让5美元不就完了吗?

'……不就完了吗?'는 상대방에게 '이렇게 하면 간단하지 않은가요?' 하고 자신의 의견을 피력하는 반어문 형식입니다. 完 대신 可以, 行 등을 써도 됩니다.

互相忍让一下不就完了吗?
서로 양보하면 되는 것 아닌가요?

别投诉了，你不买不就完了吗?
신고하지 마세요, 손님께서 안 사면 그만 아닌가요?

＊投诉 tóusù 동 신고하다, 불평하다

■ 해석하기  两家各让10美元不就完了吗?

■ 중작하기  우리가 귀사에 샘플을 제공하면 되는 거 아닌가요?

## Biz 연습 문제

**1** 녹음을 잘 듣고 질문에 알맞은 답을 고르세요. Track 66

[1-2]
① ⓐ 很顺利　ⓑ 很不顺利　ⓒ 不太顺利
② ⓐ 生意　　ⓑ 诚意　　　ⓒ 诚实

[3-4]
③ ⓐ 很低　　ⓑ 合适　　　ⓒ 很高
④ ⓐ 每件30美元　ⓑ 每件40美元　ⓒ 每件50美元

**2** 다음 대화를 완성하세요.

① A 귀사에서 낸 견적가는 CIF 가격이죠?
　 B 不是到岸价格，而是离岸价格。

➡ _____

② A 이번에 일단 성사가 되면, 뒤에 주문할 게 많이 있어요.
　 B 那好，就按45美元一件的价格成交!

➡ _____

| Exercise

**3** 다음 단어를 어순에 맞게 배열하세요.

❶ 我们 | 这样 | 差距 | 两 | 家 | 大 | 的 | 太 | 了

➡ _____

❷ 可以 | 如果 | 是 | 长期合作 | 事情 | 将 | 我们 | 最 | 荣幸的

➡ _____

❸ 按 | 这个 | 就 | 价格 | 合同 | 吧 | 签

➡ _____

**4** 다음을 중국어로 써 보세요.

❶ 이번에 귀사와 합작하게 되어 저희는 기쁩니다.

➡ _____

❷ 아시다시피 가격 경쟁력이 없으면 저희는 수입할 수 없어요.

➡ _____

❸ 거래는 성사가 안 되더라도 친구로 남을 수 있으니까요.

➡ _____

## 비즈 실전 정보

★ 실전 문서 ❷ 견적서

**奥德莉服装有限公司**

报价单 …… [견적서]

| 公　司 | [회사] | 联系人 | [담당자] |
| 电　话 | [전화] | 传　真 | [팩스] |
| 邮　箱 | [이메일] | 地　址 | [주소] |
| 报价人 | [오퍼러] | 日　期 | [날짜] |

| 品名 | [품명] | |
|---|---|---|
| 规格 | [규격] | |
| 数量 | [수량] | 5,000 |
| 单位 | [단위] | 件 |
| 单价 | [단가] | ￥80 |
| 金额 | [금액] | ￥400,000 |

币种：人民币　　总计：￥400,000

[화폐 종류]　　[합계]

备注 [비고]

签名 …… [서명]
签章 …… [서명 날인]

## ★ 알아두면 유용한 주제별 비즈 단어

• 견적서

| 중국어 | 병음 | 뜻 |
|---|---|---|
| 商品目录 | shāngpǐn mùlù | 카탈로그 |
| 还盘 | huánpán | 카운터 오퍼 |
| 实盘 | shípán | 확정 오퍼 |
| 成本 | chéngběn | 원가 |
| 货号 | huòhào | 물품 번호 |
| 原材料 | yuáncáiliào | 원자재 |
| 长度 | chángdù | 길이 |
| 宽度 | kuāndù | 폭, 너비 |
| 厚度 | hòudù | 두께 |
| 口径 | kǒujìng | 규격, 성능, 조건 |
| 样式 | yàngshì | 양식, 스타일 |
| 保险费 | bǎoxiǎnfèi | 보험료 |
| 优惠折扣率 | yōuhuì zhékòulǜ | 우대 할인율 |
| 总额 | zǒng'é | 총액 |
| 价格条件 | jiàgé tiáojiàn | 가격 조건 |
| 接受 | jiēshòu | 수락 |
| 承认 | chéngrèn | 승낙 |
| 购货合约 | gòuhuò héyuē | 매약서 |
| 估价发票 | gūjià fāpiào | 견적 송장 |
| 订购单 | dìnggòudān | 구매 주문서(purchase orders) |
| 订购发票 | dìnggòu fāpiào | 구매 위탁 송장(indent invoice) |

적게 주문하려는 것은 발주량을 늘리라 하고,

많이 주문하고 싶은 것은 물건이 없어 못 주겠다고 하고,

폭군이 따로 없다.

그 만큼 제품에 자신이 있다는 뜻이니 믿음이 가긴 하는데,

그래도 저희 쪽 상황도 좀 고려해 주세요!

## 주문

상황1   주문량 협상하기
상황2   주문 체결하기
상황3   주문한 물품을 취소할 때

— 부사 逐渐 | 형용사 够呛 | 부사 白 | 泡汤

## Biz 맛있는 단어

Track 68

- [ ] [ ] 起订量 qǐdìngliàng  　명 최저 주문량
- [ ] [ ] 逐渐 zhújiàn  　부 점점, 점차
  ╋ 渐渐 jiànjiàn 점점
- [ ] [ ] 增大 zēngdà  　동 확대하다, 늘리다
- [ ] [ ] 原则 yuánzé  　명 원칙
- [ ] [ ] 紧身牛仔裤 jǐnshēn niúzǎikù  　스키니 진
- [ ] [ ] 供不应求 gōng bù yìng qiú  　공급이 수요에 못 미치다
- [ ] [ ] 够呛 gòuqiàng  　형 대단하다, 힘들다
- [ ] [ ] 出厂 chūchǎng  　동 이합 출고하다
- [ ] [ ] 所 suǒ  　조 '有+所+동사' 형식으로 쓰여 '약간'의 뜻을 나타냄
- [ ] [ ] 丝绸女衫 sīchóu nǚshān  　명 실크 블라우스
- [ ] [ ] 白 bái  　부 괜히, 헛되이
- [ ] [ ] 倒 dào  　부 오히려
- [ ] [ ] 俗话 súhuà  　명 속담
- [ ] [ ] 计划不如变化快 jìhuà bùrú biànhuà kuài  계획이 변화를 따라가지 못하다
- [ ] [ ] 泡汤 pàotāng  　동 이합 물거품이 되다, 수포로 돌아가다
- [ ] [ ] 战场 zhànchǎng  　명 전장, 전쟁터
  ╋ 战争 zhànzhēng 전쟁
- [ ] [ ] 发生 fāshēng  　동 발생하다
- [ ] [ ] 悬 xuán  　동 걸다, 매달다, 위험하다
- [ ] [ ] 今天的质量，是明天的市场 jīntiān de zhìliàng, shì míngtiān de shìchǎng
  오늘의 품질이 내일의 시장이다
  *좋은 물건을 만들어야 경쟁에서 살아남을 수 있다는 뜻임

## ●〈비즈니스 필수 표현〉물품 주문

☐☐ **你们打算订购哪种型号的？** 여러분은 어떤 모델을 구매하려고 하나요?
Nǐmen dǎsuan dìnggòu nǎ zhǒng xínghào de?

☐☐ **这种产品有什么特点？** 이 제품은 어떤 특징이 있죠?
Zhè zhǒng chǎnpǐn yǒu shénme tèdiǎn?

☐☐ **不好意思，昨天的订单我们要取消。** 죄송한데요, 어제 주문한 주문서를 취소해야겠어요.
Bù hǎoyìsi, zuótiān de dìngdān wǒmen yào qǔxiāo.

☐☐ **如果贵方的价格合理，我们马上订货。**
Rúguǒ guìfāng de jiàgé hélǐ, wǒmen mǎshàng dìnghuò.
만약 귀사의 가격이 합당하면, 우리는 바로 주문하려고 해요.

☐☐ **如果贵方的订货量大，我们可以优惠。**
Rúguǒ guìfāng de dìnghuòliàng dà, wǒmen kěyǐ yōuhuì.
만약 귀사의 주문량이 많으면, 저희가 우대해 드릴 수 있습니다.

### ✚ 날씨가 불량품을 만든다??

전혀 문제없던 제품에서 한꺼번에 불량품이 많이 나왔다면? 이럴 때는 다른 요인보다 먼저 제작 과정에서 날씨의 영향을 받은 것은 아닌지 의심해볼 필요가 있다. 특히, 전자 제품 같은 경우 현장 노동자들의 숙련도에 문제가 있지 않다면 더운 날씨로 인해 불량품이 발생했을 확률이 높다. 중국의 공장들은 다수가 남쪽 지방에 위치해 있고, 또 영세한 곳이 많기 때문에 더운 여름에 제작된 제품에서는 부득이 하게 땀이나 습기가 스며들어 제품의 불량률을 높이기도 한다. 따라서, 하청 공장이나 거래처를 선정할 때는 공장의 입지 조건 중에서 기후적인 요인이 어느 정도 작용할 수 있는지 그 여부를 따져 보는 것도 중요하다.

# 맛있는 회화

### 상황1 주문량 협상하기  Track 69

金成功 我们可以订五千件吗?
Wǒmen kěyǐ dìng wǔqiān jiàn ma?

唐 美 对不起，这种产品的起订量是一万件。
Duìbuqǐ, zhè zhǒng chǎnpǐn de qǐdìngliàng shì yíwàn jiàn.

金成功 我们是第一次跟你们合作，这一批少订一点，
Wǒmen shì dì-yī cì gēn nǐmen hézuò, zhè yì pī shǎo dìng yìdiǎn,

下一批开始数量逐渐❶增大，你看怎么样?
xià yì pī kāishǐ shùliàng zhújiàn zēngdà, nǐ kàn zěnmeyàng?

唐 美 这是公司的原则，所以这样不大合适。
Zhè shì gōngsī de yuánzé, suǒyǐ zhèyàng bú dà héshì.


### 상황2 주문 체결하기  Track 70

唐 美 这种紧身牛仔裤你们想订多少?
Zhè zhǒng jǐnshēn niúzǎikù nǐmen xiǎng dìng duōshao?

金成功 我们想订两万条。
Wǒmen xiǎng dìng liǎngwàn tiáo.

唐 美 不好意思，这种产品现在供不应求，我们只能提供一万条。
Bù hǎoyìsi, zhè zhǒng chǎnpǐn xiànzài gòng bù yìng qiú, wǒmen zhǐnéng tígōng yíwàn tiáo.

金成功 能不能再加五千条?
Néng bu néng zài jiā wǔqiān tiáo?

唐 美 这恐怕够呛❷！现在厂里的货都在等着出厂。
Zhè kǒngpà gòuqiàng! Xiànzài chǎng li de huò dōu zài děngzhe chūchǎng.

金成功 那这一批就订这些吧。
Nà zhè yì pī jiù dìng zhèxiē ba.

| Dialogue

### 상황3 주문한 물품을 취소할 때  Track 71

**金成功** 唐小姐，有件事想跟你商量，不知你方不方便。
Táng xiǎojiě, yǒu jiàn shì xiǎng gēn nǐ shāngliang, bù zhī nǐ fāng bu fāngbiàn.

**唐 美** 有什么话，尽管说。
Yǒu shénme huà, jǐnguǎn shuō.

**金成功** 刚才公司领导来电话说，现在国内情况有所变化，
Gāngcái gōngsī lǐngdǎo lái diànhuà shuō, xiànzài guónèi qíngkuàng yǒusuǒ biànhuà,

所以让我取消丝绸女衫的订单。
suǒyǐ ràng wǒ qǔxiāo sīchóu nǚshān de dìngdān.

**唐 美** 是吗? 还好，我们还没安排生产呢。
Shì ma? Hái hǎo, wǒmen hái méi ānpái shēngchǎn ne.

**金成功** 很抱歉，让你白❸高兴了一场。
Hěn bàoqiàn, ràng nǐ bái gāoxìng le yì chǎng.

**唐 美** 这倒没事儿，中国俗话里有一句："计划不如变化快"嘛。
Zhè dào méi shìr, Zhōngguó súhuà li yǒu yí jù: "Jìhuà bùrú biànhuà kuài" ma.

**金成功** 还真是这样。昨天刚下的订单今天就泡汤❹了。
Hái zhēnshi zhèyàng. Zuótiān gāng xià de dìngdān jīntiān jiù pàotāng le.

**唐 美** 买卖战场上什么事都会发生，
Mǎimai zhànchǎng shang shénme shì dōu huì fāshēng,

你说牛仔裤的订单是不是也悬?
nǐ shuō niúzǎikù de dìngdān shì bu shì yě xuán?

**金成功** 你也别太紧张了，这应该没问题。
Nǐ yě bié tài jǐnzhāng le, zhè yīnggāi méi wèntí.

**唐 美** 那我们可以生产了。
Nà wǒmen kěyǐ shēngchǎn le.

**金成功** 可以。今天的质量，是明天的市场!
Kěyǐ. Jīntiān de zhìliàng, shì míngtiān de shìchǎng!

**唐 美** 嗬! 这句话你也会说!
Hē! Zhè jù huà nǐ yě huì shuō!

## Biz 맛있는 어법

**1** 这一批少订一点，下一批开始数量逐渐增大。

부사 逐渐은 '점차, 점점'이라는 뜻으로 행위나 상태가 천천히 변화해 가는 것을 말합니다. 인위적으로 변화시키는 것이 아니라 자연스럽게 변화하는 것을 강조합니다. 형용사를 수식할 수 있습니다.

他们逐渐认识到了这件事的重要性。
그들은 점차 이 일의 중요성에 대해 인식했어요.

*转 zhuǎn 동 바뀌다
*注意 zhùyì 동 주의하다

天气逐渐转凉，大家要注意天气变化。
날씨가 점차 서늘해지니, 모두 날씨 변화에 주의를 기울이세요.

▶ 해석하기  天气逐渐热起来，这会影响到产品质量。
_____

▶ 중작하기  우리 회사는 동종 업계에서 지명도가 점점 높아지고 있어요.
_____


**2** 这恐怕够呛!

够呛은 형용사로 어떤 일이 실현될 가능성이 희박하거나 어떤 일을 하느라 힘들다는 것을 표현하는 경우가 많습니다. 주로 부정적인 뜻으로 많이 쓰입니다.

你怎么不早打招呼，这事儿够呛。
당신 왜 좀 더 일찍 얘기하지 않았나요, 이 일은 힘들 거예요.

*打招呼 dǎ zhāohu
(사전에) 알리다, 통지하다

走了一天的路，累得够呛!
하루 종일 걸었더니, 정말 피곤하군요.

▶ 해석하기  我看，这事儿够呛，你就放弃吧。
_____

▶ 중작하기  힘들걸요! 제가 보기엔 이 사장님께서 동의 안 하실 거예요.
_____

| Grammar

### 3  很抱歉，让你白高兴了一场。

부사 白는 '괜히, 헛되이'라는 뜻으로 어떤 일을 실현시키려고 노력을 했지만, 그 노력에 대한 결과물을 얻지 못했음을 나타냅니다. 주로 1음절 동사를 동반합니다.

他遗憾地说：“我这三年算白等了。”
그는 아쉬운 듯 "내가 3년을 괜히 기다렸군."이라고 말했어요.

\* 遗憾 yíhàn 동 섭섭하다, 아쉽다
\* 挣 zhèng 동 벌다

白忙了一天，一分钱也没有挣到。
하루 종일 헛수고만 했어요. 한 푼도 못 벌었거든요.

**해석하기**  这次又白做了，公司又亏了不少。

**중작하기**  오늘 전 괜히 헛수고 한데다, 부장님께 혼나기기까지 했어요.


### 4  昨天刚下的订单今天就泡汤了。

泡汤은 관용어로 목표를 달성하고 계획을 실현시키고자 물심양면으로 노력을 했으나 결과적으로 수포로 돌아갔음을 표현할 때 씁니다.

今年的买房计划就算泡汤了。
올해 집을 사려던 계획이 물거품이 되어 버렸어요.

看来，他们的计划就要泡汤了。
보아하니 그들의 계획이 수포로 돌아가겠네요.

**해석하기**  看来，拿下大订单的计划要泡汤了。

**중작하기**  저희 회사가 올해 전시회에 참가하려던 계획이 무산됐어요.

# 연습 문제

**1** 녹음을 잘 듣고 질문에 알맞은 답을 고르세요. Track 72

[1-2]

❶ ⓐ 5000　　ⓑ 10000　　ⓒ 15000

❷ ⓐ 5000　　ⓑ 10000　　ⓒ 15000

[3-4]

❸ ⓐ 5000　　ⓑ 15000　　ⓒ 20000

❹ ⓐ 10000　ⓑ 20000　　ⓒ 25000

**2** 다음 대화를 완성하세요.

❶
A 有件事想跟你商量，不知你方不方便。
B 하실 말씀 있으면, 얼마든지 말씀하세요.

➡ _____

❷
A 中国俗话里有一句："계획은 변화를 따라가지 못한다"嘛。
B 还真是这样。昨天刚下的订单今天就泡汤了。

➡ _____

| Exercise

**3** 다음 단어를 어순에 맞게 배열하세요.

❶ 很抱歉, 你 | 高兴了 | 让 | 一场 | 白

➡ 很抱歉, _____

❷ 什么 | 发生 | 买卖战场上 | 都 | 事 | 会

➡ _____

❸ 明天的 | 今天的 | 市场 | 是 | 质量

➡ _____

**4** 다음을 중국어로 써 보세요.

❶ 남성 스타일 청바지의 최저 주문량은 만 벌입니다.

➡ _____

❷ 다음 번부터는 수량을 점차 늘리려고 하는데, 어떠신지요?

➡ _____

❸ 그저께 주문하신 거는 이미 생산 스케줄이 잡혔어요.

➡ _____

# 13과

## 下一批可以按时交货吧?
### 다음 물량은 예정대로 납품하실 수 있죠?

Track 73

**핵심구문 ❶**

### 这货2月底我们必须投放市场。
이 물건은 2월 말에 반드시 시장에 내놓아야 해요.

**핵심구문 ❷**

### 感谢贵公司的配合和大力支持。
귀사의 협조와 아낌없는 지원에 감사드립니다.

**핵심구문 ❸**

### 如果不能及时投放市场, 就可能滞销。
만약 제때 시장에 출시하지 않으면, 적체될 가능성이 있어요.

수입을 하다 보면 납품 시기가 참 중요한 것 같다.

품질이 아무리 좋다하더라도 공급 일정을 제대로

맞추지 못하면, 출시 일정을 못 맞출 뿐만 아니라

그로 인해 회사의 자금에 큰 타격을 주기 때문이다.

### 물품 인도

상황1   납품 날짜 조정하기
상황2   납품 날짜 확인하기
상황3   납품 일자 앞당기기

    - 동사 提前 | 不成问题 | 一如既往 | 동사 答应

# Biz 맛있는 단어

Track 74

- 下订单 xià dìngdān — 발주하다, 주문을 내다
- 提前 tíqián — 동 예정된 시간을 앞당기다
- 难度 nándù — 명 어려운 정도, 난이도
- 底 dǐ — 명 밑, 바닥, (한 해와 한 달의) 말(末)
- 分批发货 fēnpī fāhuò — 분할 선적하다
- 不成问题 bù chéng wèntí — 문제가 되지 않다
- 配合 pèihé — 동 협조하다, 서로 잘 맞다
- 大力 dàlì — 부 강력하게, 힘껏
- 支持 zhīchí — 동 지원하다, 후원하다
- 一如既往 yì rú jì wǎng — 지난날과 다름없다
- 老客户 lǎo kèhù — 오래된 바이어, 단골 거래처
- 中旬 zhōngxún — 명 중순
  + 上旬 shàngxún 상순 | 下旬 xiàxún 하순
- 季节性 jìjiéxìng — 명 계절성
- 可能 kěnéng — 부 아마, 혹시 조동 아마 ~할 것이다
- 滞销 zhìxiāo — 동 적체되다
- 总得 zǒngděi — 조 어쨌든, 반드시
- 备货 bèihuò — 동 이합 상품을 준비하다
- 特殊 tèshū — 형 특수하다
- 交货期 jiāohuòqī — 명 물품 인도 기일
- 答应 dāying — 동 대답하다
- 全部 quánbù — 명 전부
- 发出 fāchū — 동 (화물·우편물을) 발송하다, 보내다

| New words

## ● 〈비즈니스 필수 표현〉 납품

☐☐ **交货时间具体定在10月中旬，怎么样？**
Jiāohuò shíjiān jùtǐ dìngzài shí yuè zhōngxún, zěnmeyàng?
납품 시기는 구체적으로 10월 중순으로 하면 어떨까요?

☐☐ **我们希望尽量提前，越早越好。** 저희는 되도록 시간을 앞당겼으면 해요. 빠를수록 좋죠.
Wǒmen xīwàng jǐnliàng tíqián, yuè zǎo yuè hǎo.

☐☐ **我建议贵公司在7月份以前交货。** 저는 귀사가 7월 이전에 납품해 주길 바랍니다.
Wǒ jiànyì guì gōngsī zài qī yuèfèn yǐqián jiāohuò.

☐☐ **我们无法按贵公司的要求交货。** 저희는 귀사의 요구에 따라 납품할 수가 없어요.
Wǒmen wúfǎ àn guì gōngsī de yāoqiú jiāohuò.

☐☐ **唯一的解决办法是分批交货。** 유일한 해결 방법은 분납입니다.
Wéiyī de jiějué bànfǎ shì fēnpī jiāohuò.

+ **품질 보증 마크 CCC 인증**

CCC는 중국 내에서 생산되거나 유통되는 제품 또는 중국으로 수입되는 제품의 품질을 인증하는 중국 국가 강제성 인증 마크다. 이를 '중국 강제 인증(China Compulsory Certification)'이라 부르며, 영문 약칭은 'CCC'나 '3C'로 나타낸다. 중국 품질 인증센터(CQC)에서는 'CCC' 목록에 해당하는 제품의 '3C' 인증 업무를 진행한다. 〈CCC 강제 인증 제품 목록〉에 포함되는 제품으로는 '가전 제품, 자동차, 안전 유리, 의료기, 전선 케이블, 완구' 등이 있다. 이들 제품은 반드시 국가에서 지정한 인증 기관을 통해 인증서를 취득한 후, 제품 표면에 'CCC' 마크를 붙여야만 출하·판매가 가능하다.

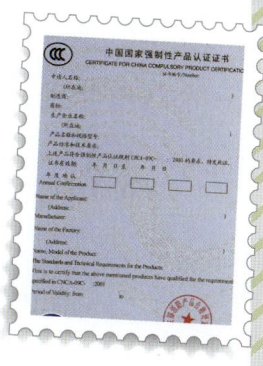

## 맛있는 회화

**상황1** 납품 날짜 조정하기  Track 75

金成功: 我们现在下订单，你们什么时候可以交货?
Wǒmen xiànzài xià dìngdān, nǐmen shénme shíhou kěyǐ jiāohuò?

周丽君: 3月份应该可以。
Sān yuèfèn yīnggāi kěyǐ.

金成功: 你们能不能提前❶一个月?
Nǐmen néng bu néng tíqián yí ge yuè?

周丽君: 那得2月份了，这有一定的难度。
Nà děi èr yuèfèn le, zhè yǒu yídìng de nándù.

金成功: 你们也替我们想想，这货2月底我们必须投放市场。
Nǐmen yě tì wǒmen xiǎngxiang, zhè huò èr yuè dǐ wǒmen bìxū tóufàng shìchǎng.

周丽君: 你们非要这么做，我们只能分批发货了。
Nǐmen fēiyào zhème zuò, wǒmen zhǐnéng fēnpī fāhuò le.

**상황2** 납품 날짜 확인하기  Track 76

金成功: 下一批可以按时交货吧?
Xià yì pī kěyǐ ànshí jiāohuò ba?

周丽君: 这不成问题❷。
Zhè bùchéng wèntí.

金成功: 感谢贵公司的配合和大力支持，希望你们可以继续
Gǎnxiè guì gōngsī de pèihé hé dàlì zhīchí, xīwàng nǐmen kěyǐ jìxù
一如既往❸地支持我们!
yì rú jì wǎng de zhīchí wǒmen!

周丽君: 贵公司是我们多年来的老客户，我们应该多为你们着想。
Guì gōngsī shì wǒmen duō nián lái de lǎo kèhù, wǒmen yīnggāi duō wèi nǐmen zhuóxiǎng.

## 상황3 납품 일자 앞당기기 Track 77

**金成功** 现在订货你们能不能8月初交货?
Xiànzài dìnghuò nǐmen néng bu néng bā yuè chū jiāohuò?

**周丽君** 这有点儿困难。现在厂里生产任务安排得满满的。
Zhè yǒudiǎnr kùnnan. Xiànzài chǎng li shēngchǎn rènwu ānpái de mǎnmǎn de.

**金成功** 那你们能什么时候交货?
Nà nǐmen néng shénme shíhou jiāohuò?

**周丽君** 9月中旬差不多了。
Jiǔ yuè zhōngxún chàbuduō le.

**金成功** 这样太晚了。这种衬衫有季节性,
Zhèyàng tài wǎn le. Zhè zhǒng chènshān yǒu jìjiéxìng,

如果不能及时投放市场,就可能滞销。
rúguǒ bù néng jíshí tóufàng shìchǎng, jiù kěnéng zhìxiāo.

**周丽君** 你们再急我们总得备货呀。
Nǐmen zài jí wǒmen zǒngděi bèihuò ya.

**金成功** 这我知道,可是这次是特殊情况嘛,你就照顾照顾吧。
Zhè wǒ zhīdào, kěshì zhècì shì tèshū qíngkuàng ma, nǐ jiù zhàogù zhàogù ba.

**周丽君** 那我们尽量把交货期提前到8月底,这样行了吧?
Nà wǒmen jǐnliàng bǎ jiāohuòqī tíqián dào bā yuè dǐ, zhèyàng xíng le ba?

**金成功** 就不能再提前了?
Jiù bù néng zài tíqián le?

**周丽君** 对。这是我们能够答应❹的最早交货期。
Duì. Zhè shì wǒmen nénggòu dāying de zuì zǎo jiāohuòqī.

**金成功** 你们8月底可以全部交货吗?
Nǐmen bā yuè dǐ kěyǐ quánbù jiāohuò ma?

**周丽君** 8月底可以把货全部发出。
Bā yuè dǐ kěyǐ bǎ huò quánbù fāchū.

## Biz 맛있는 어법

**1** 你们能不能提前一个月？

提前은 동사로 '예정된 시간을 앞으로 당기다'라는 뜻을 나타냅니다. 때로는 '순위나 위치를 앞으로 이동시키다'라는 뜻으로 쓰이기도 합니다.

请将出发时间提前一个小时。
출발 시간을 한 시간 당겨 주십시오.

谁能想到老总整整提前一周出差回来啊。
사장님이 꼬박 일주일을 앞당겨 출장에서 돌아오실 줄 누가 생각이나 했겠어요.

* 整整 zhěngzhěng
  (부) 꼬박, 온전히

▌해석하기 ) 我们提前一个月可以交货。

▌중작하기 ) 제가 한 시간 앞당겨 귀사에 도착할 수 있을 것 같군요.


**2** 这不成问题。

'不成问题'는 관용어로 '문제없다' 즉 '没问题'의 뜻을 나타냅니다. 어떤 일을 처리할 수 있는 능력이 있음을 표현할 때 많이 씁니다.

这不成问题，我可以给你介绍这里的情况。
문제없어요, 제가 이곳의 상황을 소개해 드릴게요.

这不成问题，我跟李总说一声就好了。
문제없어요, 제가 이 사장님께 말씀드리면 돼요.

▌해석하기 ) 您想怎么做，就怎么做，这不成问题。

▌중작하기 ) 이렇게 해도 문제없어요, 저희가 새로 생산 일정을 짜면 되거든요.

| Grammar

### ③ 希望你们可以继续一如既往地支持我们！

一如既往은 성어로 '태도나 일 처리 방법이 조금도 변함없이 전과 똑같다'라는 뜻을 나타냅니다. 유사한 표현으로는 '始终如一, 自始至终'이 있습니다.

谢谢你一如既往的支持！
변함없이 지원해 주셔서 감사합니다.

他还是一如既往地帮助我。
그는 여전히 변함없이 저를 도와주고 있어요.

**해석하기** 非常感谢您对我店一如既往的关注！

**중작하기** 여러분의 한결같은 관심과 응원에 감사드립니다.

### ④ 这是我们能够答应的最早交货期。

答应은 동사로 '상대방의 의견에 대해 동의하고 허락한다'라는 뜻을 나타냅니다. 答应에는 '그렇게 해 주겠다'고 약속하는 뜻도 내포되어 있습니다.

希望领导能够答应我们这次所提的要求。　　＊喊 hǎn 통 소리치다, 외치다
대표님께서 이번에 저희가 내놓은 안건을 받아들여주시길 희망합니다.

他喊了半天，没有人答应。
그가 한참동안 소리쳤지만, 아무도 대답하지 않았어요.

**해석하기** 我答应也没有用，上面还没开口呢。

**중작하기** 이는 저희가 약속할 수 있는 조건입니다.

# 연습 문제

**1** 녹음을 잘 듣고 질문에 알맞은 답을 고르세요. Track 78

[1-2]
① ⓐ 2月份  ⓑ 3月份  ⓒ 4月份
② ⓐ 1个月  ⓑ 2个月  ⓒ 3个月

[3-4]
③ ⓐ 8月初  ⓑ 8月中旬  ⓒ 8月底
④ ⓐ 8月底  ⓑ 9月初  ⓒ 9月中旬

**2** 다음 대화를 완성하세요.

❶ A 下一批 예정대로 납품하실 수 있죠?
　 B 这不成问题。

➡ _____

❷ A 你们再急我们总得备货呀。
　 B 그렇지만 이번에는 특수 상황이잖아요, 你就照顾照顾吧。

➡ _____

| Exercise

**3** 다음 단어를 어순에 맞게 배열하세요.

❶ 必须 | 这货 | 2月底 | 投放 | 我们 | 市场

➡ _____

❷ 多 | 应该 | 着想 | 为 | 你们

➡ 我们 _____

❸ 及时 | 市场 | 如果 | 不能 | 投放，就可能滞销。

➡ _____，就可能滞销。


**4** 다음을 중국어로 써 보세요.

❶ 이 물건은 3월 초에 시장에 내놓아야 해요.

➡ _____

❷ 귀사는 우리의 단골 바이어인데, 우리가 귀사를 위해 배려해야지요.

➡ _____

❸ 이것이 저희가 대답할 수 있는 가장 이른 납기 일자입니다.

➡ _____

# 14과

## 你们开立信用证了吗?
### 신용장은 개설하셨나요?

Track 79

**핵심구문 ❶**

我们采用不可撤消的信用证。
저희는 취소 불능 신용장을 채택하고 있습니다.

**핵심구문 ❷**

信用证应该在装船后15天内有效。
신용장은 선적 후 15일 이내에 유효합니다.

**핵심구문 ❸**

这样贵公司应该4月初开立信用证。
이렇게 볼 때 귀사에서는 4월 초에 신용장을 열어 주셔야 합니다.

가격 협상을 무사히 마치고 신용장까지 개설했다.

이제 제때 공급만 받으면 된다.

첫 거래를 하는 곳이라 다소 걱정이 되긴 하지만,

중국 속담을 한번 믿어보자!

"用人不疑，疑人不用(일단 사람을 쓰기로 했으면 의심하지 말고,

의심스러우면 쓰지를 마라)"

## 지불 방식

- 상황1  지불 방식 물어보기
- 상황2  신용장 개설 확인하기
- 상황3  업체 지불 방식 문의하기
    - 采用……方式 | 在……内 | 影响의 용법 | 동사 超过

## Biz 맛있는 단어

Track 80

- 采用……方式 cǎiyòng……fāngshì  어떤 방식을 채택하다
- 支付方式 zhīfù fāngshì  명 지불 방식
- 不可撤消 bùkě chèxiāo  취소 불가
- 信用证 xìnyòngzhèng  명 신용장
- 电汇 diànhuì  명 T/T, 전신환 송금
- 除非 chúfēi  전 ~를 제외하고는
- 开立 kāilì  동 개설하다
- 装运 zhuāngyùn  동 선적하다, 실어나르다
- 装船 zhuāngchuán  동 선적하다
- 在……内 zài……nèi  ~내에
- 有效 yǒuxiào  동 유효하다, 효과가 있다
- 付款交单 fùkuǎn jiāodān  명 D/P, 지급 인도 조건
- 或 huò  접 혹은, 그렇지 않으면
- 承兑交单 chéngduì jiāodān  명 D/A, 인수도 조건
- 转让 zhuǎnràng  동 양도하다
- 保兑 bǎoduì  동 지불 보증하다
- 通融 tōngróng  동 융통성을 발휘하다
- 要不然 yàoburán  그렇지 않으면
  + 不然 bùrán 그렇지 않으면
- 影响 yǐngxiǎng  동 영향을 미치다
- 超过 chāoguò  동 초월하다, 넘다
  + 超重 chāozhòng 중량을 초과하다 | 超速 chāosù 과속하다

| New words

## ●〈비즈니스 필수 표현〉성어와 속담(9)

☐☐ 亡羊补牢 소 잃고 외양간 고치다
wáng yáng bǔ láo

☐☐ 欲速则不达 일을 서두르면 도리어 목적을 달성하지 못한다
yù sù zé bù dá

☐☐ 机不可失 기회를 놓쳐서는 안 된다
jī bùkě shī

☐☐ 万无一失 만에 하나의 실수도 없다, 한 치의 착오도 없다
wàn wú yī shī

☐☐ 一成不变 변함이 없다, 옛것을 고수하여 잘 고치려 하지 않다
yì chéng bú biàn

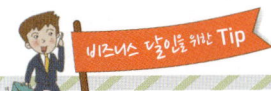

+ **중국의 주요 거래 은행은?**
중국에서 사업을 하거나 중국 바이어와 거래를 할 때는 어떤 은행을 이용해야 할까? 여기서 잠깐 중국의 주요 은행에 대해 살펴보기로 하자.

- 中国银行 Zhōngguó Yínháng 중국은행
- 中国人民银行 Zhōngguó Rénmín Yínháng 중국 인민은행
- 中国工商银行 Zhōngguó Gōngshāng Yínháng 중국 공상은행
- 中国建设银行 Zhōngguó Jiànshè Yínháng 중국 건설은행
- 中国农业银行 Zhōngguó Nóngyè Yínháng 중국 농업은행
- 中国交通银行 Zhōngguó Jiāotōng Yínháng 중국 교통은행
- 招商银行 Zhāoshāng Yínháng 초상은행

## 맛있는 회화

**상황1** 지불 방식 물어보기  Track 81

金成功 你们采用什么支付方式❶?
Nǐmen cǎiyòng shénme zhīfù fāngshì?

唐 美 我们采用不可撤消的信用证。
Wǒmen cǎiyòng bùkě chèxiāo de xìnyòngzhèng.

金成功 你们不采用电汇方式吗?
Nǐmen bù cǎiyòng diànhuì fāngshì ma?

唐 美 除非是老客户，否则我们不采用这种方式。
Chúfēi shì lǎo kèhù, fǒuzé wǒmen bù cǎiyòng zhèzhǒng fāngshì.

金成功 这样我们应该什么时候开立信用证?
Zhèyàng wǒmen yīnggāi shénme shíhou kāilì xìnyòngzhèng?

唐 美 在装运前30天。
Zài zhuāngyùn qián sānshí tiān.

**상황2** 신용장 개설 확인하기  Track 82

唐 美 你们开立信用证了吗?
Nǐmen kāilì xìnyòngzhèng le ma?

金成功 我们已经在中国工商银行开立了信用证。
Wǒmen yǐjing zài Zhōngguó Gōngshāng Yínháng kāilì le xìnyòngzhèng.

唐 美 信用证有效期为装船后15天吧?
Xìnyòngzhèng yǒuxiàoqī wéi zhuāngchuán hòu shíwǔ tiān ba?

金成功 对，信用证应该在装船后15天内❷有效。
Duì, xìnyòngzhèng yīnggāi zài zhuāngchuán hòu shíwǔ tiān nèi yǒuxiào.

| Dialogue

### 상황3 업체 지불 방식 문의하기  Track 83

金成功 贵公司能接受哪种支付方式?
Guì gōngsī néng jiēshòu nǎ zhǒng zhīfù fāngshì?

唐 美 我们接受信用证支付方式。
Wǒmen jiēshòu xìnyòngzhèng zhīfù fāngshì.

金成功 贵公司也接受付款交单或承兑交单吗?
Guì gōngsī yě jiēshòu fùkuǎn jiāodān huò chéngduì jiāodān ma?

唐 美 不好意思,这类我们不接受。
Bù hǎoyìsi, zhè lèi wǒmen bù jiēshòu.

金成功 那你们说的信用证是不可撤消的吧?
Nà nǐmen shuō de xìnyòngzhèng shì bùkě chèxiāo de ba?

唐 美 对。这种信用证应该是不可撤消的、可转让的、保兑的。
Duì. Zhè zhǒng xìnyòngzhèng yīnggāi shì bùkě chèxiāo de、kě zhuǎnràng de、bǎoduì de.

金成功 哦,知道了。贵公司准备什么时候交货?
Ò, zhīdào le. Guì gōngsī zhǔnbèi shénme shíhou jiāohuò?

唐 美 5月初。这样贵公司应该4月初开立信用证。
Wǔ yuè chū. Zhèyàng guì gōngsī yīnggāi sì yuè chū kāilì xìnyòngzhèng.

金成功 现在已经是3月底了,你们能不能通融一下?
Xiànzài yǐjing shì sān yuè dǐ le, nǐmen néng bu néng tōngróng yíxià?

唐 美 那也必须在4月15号以前办理,要不然会**影响**❸到交货期的。
Nà yě bìxū zài sì yuè shíwǔ hào yǐqián bànlǐ, yàoburán huì yǐngxiǎng dào jiāohuòqī de.

金成功 好的。我们不会**超过**❹4月15号的。
Hǎo de. Wǒmen bú huì chāoguò sì yuè shíwǔ hào de.

唐 美 那好。希望我们合作愉快!
Nà hǎo. Xīwàng wǒmen hézuò yúkuài!

## 맛있는 어법

### ① 你们采用什么支付方式?

'采用……方式'는 '어떤 일을 하는 데 필요한 적당한 방식이나 조치를 채택한다'는 뜻을 나타냅니다.

此手机采用第三代移动通信技术的方式输送数据。
이 휴대 전화는 제3세대 이동 통신 기술 방식을 채택해 데이터를 전송합니다.

本公司采用这种节能方式，大大地节省了成本。
폐사는 이러한 에너지 절약 방식을 채택해 원가를 많이 절감할 수 있었어요.

* 输送 shūsòng 동 전송하다, 수송하다
* 节能 jiénéng 동 에너지를 절약하다

**해석하기** 我们采用新工艺后生产效率提高了几倍。

**중작하기** 저희 회사는 전신환 지불 방식을 채택하고 있습니다.


### ② 信用证应该在装船后15天内有效。

'在……内'는 전치사 在와 방위사 内가 결합한 형식으로 '어떤 범위 내에'라는 뜻을 나타냅니다. '在……之内' 형식으로 쓰이기도 합니다.

如果产品在有效期内出现质量问题请联系我们。
만약 제품이 유효 기간 내에 품질에 문제가 발생하면 저희에게 연락을 주십시오.

在我们允许的范围之内你可以自由参观。
저희가 허락하는 범위 안에서 자유롭게 돌아보실 수 있습니다.

* 允许 yǔnxǔ 동 허락하다

**해석하기** 在误差范围之内的不良品我们可以接受。

**중작하기** 이 계약서는 6개월 내에 유효합니다.

| Grammar

### ③ 要不然会影响到交货期的。

影响이 동사로 쓰일 때는 '영향을 미치다'의 뜻을 나타내고 목적어로 명사, 대명사, 동사를 동반할 수 있습니다. 명사로 쓰일 때는 주어와 목적어가 될 수 있고, 주로 '受(有/产生)……影响'의 형식으로 쓰입니다.

**동사** 为了不影响居民休息，晚上一律不得施工。
주민의 휴식에 영향을 주면 안 되므로, 밤에는 일괄적으로 공사를 할 수 없습니다.

**명사** 你们公司受到金融危机影响了吗？
당신의 회사는 금융 위기의 영향을 받았나요?

* 不得 bùdé 동 ~할 수 없다, ~해서는 안 된다
* 金融危机 jīnróng wēijī 명 금융 위기

**해석하기** 中小企业会受到国内经济的影响。

**중작하기** 환율 변동은 수입에 영향을 미칠 것입니다.


### ④ 我们不会超过4月15号的。

超过는 동사로 뒤에 있는 사물이 앞의 사물을 따라잡았음을 나타내기도 하고, 정해진 어떤 범위를 넘어섰음을 뜻하기도 합니다.

中国已经超过日本成为第二经济大国。
중국은 이미 일본을 추월하고 제2의 경제 대국이 되었어요.

有超过两万人参加了这次的大罢工。
2만 명도 넘는 사람들이 이번 파업에 참가했어요.

**해석하기** 这种产品各项指标都超过了WHO的规定标准。

**중작하기** 올 하계 생산량은 작년 동기 생산량을 넘어섰어요.

## 연습 문제

**1** 녹음을 잘 듣고 질문에 알맞은 답을 고르세요. Track 84

[1-2]

❶ ⓐ 电汇方式　　ⓑ 现金支付
　ⓒ 不可撤消的信用证

❷ ⓐ 在装运前15天　ⓑ 在装运前30天
　ⓒ 在装运前45天

[3-4]

❸ ⓐ 中国银行
　ⓑ 中国农业银行
　ⓒ 中国工商银行

❹ ⓐ 10天　　ⓑ 15天　　ⓒ 20天

**2** 다음 대화를 완성하세요.

❶ A 贵公司能接受哪种支付方式？
　B 저희는 신용장 지불 방식을 채택하고 있습니다.

➡ _____

❷ A 现在已经是3月底了，조금 변통을 해주시면 어떨까요?
　B 那也得4月15号以前必须得办理。

➡ _____

| Exercise

**3** 다음 단어를 어순에 맞게 배열하세요.

❶ 除非是老客户，这种 | 我们 | 不 | 方式 | 采用 | 否则

➡ 除非是老客户，_____

❷ 应该 | 信用证 | 装船后 | 在 | 有效 | 15天 | 内

➡ _____

❸ 这样 | 4月初 | 贵公司 | 开立 | 应该 | 信用证

➡ _____

**4** 다음을 중국어로 써 보세요.

❶ 선적 30일 전에 반드시 은행에 가서 신용장을 개설해야 합니다.

➡ _____

❷ 처음으로 귀사와 거래를 하는 것이라, 저희는 신용장 지불 방식만 받습니다.

➡ _____

❸ 저희는 4월 15일을 넘기지 않겠습니다.

➡ _____

# 비즈 실전 정보

★ 실전 문서 ❸ 주문서

## 胜利服装有限公司
### 订货单 [주문서]

厂部地址: [공장 주소]
商场地址: [상점 주소]
商场电话/传真: [상점 전화/팩스]
客户名称: [거래처 명칭]　　电话: [전화]　　订货日期: [주문 날짜]
客户地址: [거래처 주소]　　　　　　　　　提货日期: [출고 날짜]

| 品名或型号 [품명 또는 모델] | 规格 [규격] | 颜色 [색상] | 单位 [단위] | 数量 [수량] | 单价 [단가] | 金额 [금액] | | | | |
|---|---|---|---|---|---|---|---|---|---|---|
|  |  |  |  |  |  |  |  |  |  |  |
|  |  |  |  |  |  |  |  |  |  |  |
|  |  |  |  |  |  |  |  |  |  |  |
|  |  |  |  |  |  |  |  |  |  |  |
|  |  |  |  |  |  |  |  |  |  |  |
|  |  |  |  |  |  |  |  |  |  |  |
|  |  |  |  |  |  |  |  |  |  |  |

货运要求: [화물 운송 요구]　　货运方式: [화물 방식]　　收货地址: [인수 주소]
　　　　　　　　　　　　　　收货人: [수령인]　　　　电话: 　　手机: 

合计总金额: [합계 총 금액]　　万　仟　佰　拾　元　￥:
预收定金: (预收定金不得退换) [사전 계약금은 돌려 드리지 않습니다]
尚欠金额: [잔금]　　　　　　　　'十(십)'의 갖은자

银行账号: [계좌 번호]　　　　　　　　户名: [예금주]

厂方代表签名: _____ [공장 측 대표 서명]　　订货代表签名: _____ [주문자 대표 서명]

## ★ 알아두면 유용한 주제별 비즈 단어

• 인도 조건 & 결제 방식

| 중국어 | 병음 | 뜻 |
|---|---|---|
| 工厂交货 | gōngchǎng jiāohuò | 공장도 조건<br>EXW(Ex-Works) |
| 货交承运人 | huòjiāo chéngyùnrén | 운송인 인도 조건<br>FCA(Free Carrier) |
| 船边交货 | chuánbiān jiāohuò | 선측 인도 조건<br>FAS(Free Alongside Ship) |
| 货价加运费 | huòjià jiā yùnfèi | 운임 포함 인도 조건<br>CFR(Cost and Freight) |
| 运费付至-交货 | yùnfèi fùzhì-jiāohuò | 운송비 지불 인도 조건<br>CPT(Carriage Paid To) |
| 运费保险费付至-交货 | yùnfèi bǎoxiǎnfèi fùzhì-jiāohuò | 운송비, 보험료 지급 인도 조건<br>CIP(Carriage Insurance Paid) |
| 边境交货 | biānjìng jiāohuò | 국경 인도 조건<br>DAF(Delivered At Frontier) |
| 目的港船上交货 | mùdìgǎng chuánshang jiāohuò | 착선 인도 조건<br>DES(Delivered Ex Ship) |
| 目的港码头交货 | mùdìgǎng mǎtou jiāohuò | 부두 인도 조건<br>DEQ(Delivered Ex Quay) |
| 未完税交货 | wèiwánshuì jiāohuò | 관세 미지급 인도 조건<br>DDU(Delivered Duty Unpaid) |
| 完税后交货 | wánshuìhòu jiāohuò | 관세 지급 인도 조건<br>DDP(Delviered Duty Paid) |
| 信用证 | xìnyòngzhèng | 신용장<br>L/C(Letter of Credit) |
| 付款交单 | fùkuǎn jiāodān | 지급 인도 조건<br>D/P(Documents against Payment) |
| 承兑交单 | chéngduì jiāodān | 인수 인도 조건<br>D/A(Documents against Acceptance) |
| 电汇 | diànhuì | 전신환 송금<br>T/T(Telegrapic Transfer) |
| 交货付现 | jiāohuò fùxiàn | 현물 상환 방식<br>COD(Cash On Delivery) |
| 凭单付款 | píngdān fùkuǎn | 서류 상환 방식<br>CAD(Cash Against Documents) |

# 15과

## 这次最好采用悬挂式包装。
이번에는 옷걸이에 걸어 포장하는 게 좋겠습니다.

Track 85

**핵심구문 ❶**
### 这应该不会出现任何问题。
이렇게 하면 어떠한 문제도 생길 수 없습니다.

**핵심구문 ❷**
### 我们希望这次你们最好采用悬挂式包装。
저희는 이번에 귀사에서 옷걸이에 걸어 포장해 주셨으면 합니다.

**핵심구문 ❸**
### 外箱设计方面有什么变动，尽快通知我们。
아웃 박스 디자인 쪽에 변동이 생기면, 되도록 빨리 저희에게 연락주세요.

포장 문제로 조금 골치가 아팠는데,
주 사장님이 흔쾌히 양보해 주셔서 의외로 간단하게 해결되었다.
우리 주 사장님은 아무래도 수호전에 나오는
108 호걸 중의 한 명이었던 것 같다.
이번에 아웃 박스도 깔끔하게 잘 나와 대만족이다.

### 포장

상황1 　포장 방식에 대해 물을 때
상황2 　아웃 박스 디자인에 대해
상황3 　제품 포장에 대해 논의하기
　　　　- 一般来说 | 대명사 任何 | 吃不消 | 去你的

## Biz 맛있는 단어

Track 86

- 打……包装 dǎ……bāozhuāng 포장을 하다
- 外包装 wàibāozhuāng 몡 겉포장
- 硬纸板 yìngzhǐbǎn 몡 판지
- 瓦楞硬纸板 wǎléng yìngzhǐbǎn 몡 골판지
- 结实 jiēshi 혱 견고하다, 단단하다
- 胶带 jiāodài 몡 테이프
- 封口 fēngkǒu 동 이합 봉하다, 막다
- 集装箱 jízhuāngxiāng 몡 컨테이너
- 一般来说 yìbān láishuō 일반적으로, 상식적으로
- 任何 rènhé 대 어떠한
- 外箱 wàixiāng 몡 아웃 박스
- 效果图 xiàoguǒtú 몡 시안
- 创意 chuàngyì 몡 독창적인 견해, 창의적인 구상 동 독창적인 의견을 제시하다
- 唛头 màitóu 몡 화인, 마크, 라벨
- 悬挂式包装 xuánguàshì bāozhuāng 옷걸이에 걸어 포장하는 방법
- 衣架 yījià 몡 옷걸이
- 塑料袋 sùliàodài 몡 비닐 커버, 비닐봉지
- 让步 ràngbù 동 이합 양보하다
- 吃不消 chībuxiāo 동 견딜 수 없다
- 免得 miǎnde 접 ~하지 않도록
- 折叠 zhédié 동 개다, 접다
- 去你的 qù nǐ de 됐어!, 저리 가!
- 指示 zhǐshì 몡 지시 동 지시하다
- 警告标志 jǐnggào biāozhì 경고 표시
- 切勿倒置 qiè wù dàozhì 절대 뒤집히지 않도록 하시오
- 注意防潮 zhùyì fángcháo 방습 주의
- 注意防火 zhùyì fánghuǒ 방화 주의
- 变动 biàndòng 동 변동하다, 변경하다
- 转告 zhuǎngào 동 전해 주다
- 厂方 chǎngfāng 몡 공장 측

| New words

## ●〈비즈니스 필수 표현〉제품 포장

☐☐ **产品的包装和样品的包装一样。** 제품 포장과 샘플 포장이 같아요.
Chǎnpǐn de bāozhuāng hé yàngpǐn de bāozhuāng yíyàng.

☐☐ **每箱的重量是多少？** 각 박스의 중량이 어떻게 되나요?
Měi xiāng de zhòngliàng shì duōshao?

☐☐ **每个产品先用透明塑料包装好。** 모든 제품은 먼저 투명한 비닐로 포장합니다.
Měi ge chǎnpǐn xiān yòng tòumíng sùliào bāozhuāng hǎo.

☐☐ **每箱体积70X55X35cm，净重5公斤。** 각 박스의 체적은 70X55X35cm이고, 실중량은 5kg입니다.
Měi xiāng tǐjī qīshí chéng wǔshíwǔ chéng sānshíwǔ límǐ, jìngzhòng wǔ gōngjīn.

☐☐ **箱上都有哪些指示和警告标志？** 박스에는 어떤 지시 사항과 경고 표시가 있나요?
Xiāng shang dōu yǒu nǎxiē zhǐshì hé jǐnggào biāozhì?

 비즈니스 달인을 위한 Tip

**＋ 외래어도 중국어로 알아 두는 센스!**

중국에서는 외국 회사, 외국 제품과 외국 인명 등을 원어로 읽지 않고, 중국식으로 바꾸어 부른다. 이들 대부분은 음역이나 훈역을 통해 중국어로 변신하는데, 외국인들에게는 외래어를 중국식으로 읽어내는 데만도 꽤 많은 시간이 걸린다. 그래도 어쩌랴! 로마에 가면 로마법을 따라야 하는 법, 그들의 언어 방식에 빨리 적응할수록 사업에 도움이 되니 불평할 시간에 하나라도 더 외우자!!

- 宝马 Bǎomǎ BMW
- 大众 Dàzhòng 폭스바겐(Volkswagen)
- 尼康 Níkāng 니콘(Nikon)
- 佳能 Jiānéng 캐논(Canon)
- 兰蔻 Lánkòu 랑콤(Lancome)
- 微软公司 Wēiruǎn Gōngsī 마이크로소프트사(Microsoft Inc)
- 贝拉克·奥巴马 Bèilākè·Àobāmǎ 버락 오바마(Barack Obama)

# 맛있는 회화

### 상황1 포장 방식에 대해 물을 때 Track 87

金成功 你们打算怎么打外包装呢?
Nǐmen dǎsuan zěnme dǎ wàibāozhuāng ne?

周丽君 我们要用硬纸板箱包装。
Wǒmen yào yòng yìngzhǐ bǎnxiāng bāozhuāng.

金成功 是瓦楞硬纸板箱吧? 这种比较结实。
Shì wǎléng yìngzhǐ bǎnxiāng ba? Zhè zhǒng bǐjiào jiēshi.

周丽君 你说得对。在打外包装的时候用胶带封口。
Nǐ shuō de duì. Zài dǎ wàibāozhuāng de shíhou yòng jiāodài fēngkǒu.

金成功 然后就放在集装箱里。这么做不会出现什么问题吧?
Ránhòu jiù fàngzài jízhuāngxiāng li. Zhème zuò bú huì chūxiàn shénme wèntí ba?

周丽君 **一般来说**❶, 这应该不会出现**任何**❷ 问题。
Yìbān láishuō, zhè yīnggāi bú huì chūxiàn rènhé wèntí.

### 상황2 아웃 박스 디자인에 대해 Track 88

周丽君 外箱效果图你看得怎么样? 满不满意?
Wàixiāng xiàoguǒtú nǐ kàn de zěnmeyàng? Mǎn bu mǎnyì?

金成功 这次设计得非常有创意, 我们都很满意。
Zhècì shèjì de fēicháng yǒu chuàngyì, wǒmen dōu hěn mǎnyì.

周丽君 是吗? 外箱唛头什么时候提供给我们?
Shì ma? Wàixiāng màtóu shénme shíhou tígōng gěi wǒmen?

金成功 这个我们也会尽快, 不会让您久等的。
Zhège wǒmen yě huì jǐnkuài, bú huì ràng nín jiǔděng de.

**상황3** 제품 포장에 대해 논의하기 　Track 89

周丽君　你们对包装有没有什么要求?
Nǐmen duì bāozhuāng yǒu méiyǒu shénme yāoqiú?

金成功　我们希望这次你们最好采用悬挂式包装。
Wǒmen xīwàng zhècì nǐmen zuìhǎo cǎiyòng xuánguàshì bāozhuāng.

周丽君　那衣架和塑料袋呢，你们提供啊?
Nà yījià hé sùliàodài ne, nǐmen tígōng a?

金成功　哎，周总，您是个大老板，要大方一点!
Āi, Zhōu zǒng, nín shì ge dà lǎobǎn, yào dàfang yìdiǎn!

周丽君　你们什么都让我让步，我快吃不消❸了。
Nǐmen shénme dōu ràng wǒ ràngbù, wǒ kuài chībuxiāo le.

金成功　周总，您也知道这么做免得折叠嘛。
Zhōu zǒng, nín yě zhīdào zhème zuò miǎnde zhédié ma.

周丽君　这谁不知道啊? 算了，既然你都提出来了，我就答应做吧。
Zhè shéi bù zhīdào a? Suàn le, jìrán nǐ dōu tí chūlái le, wǒ jiù dāying zuò ba.

金成功　谢谢周总，您真好。
Xièxie Zhōu zǒng, nín zhēn hǎo.

周丽君　去你的❹。金代理，你说外箱上面都写哪些指示和警告标志呢?
Qù nǐ de. Jīn dàilǐ, nǐ shuō wàixiāng shàngmian dōu xiě nǎxiē zhǐshì hé jǐnggào biāozhì ne?

金成功　写"切勿倒置"、"注意防潮"、"注意防火"就可以了。
Xiě "qiè wù dàozhì", "zhùyì fángcháo", "zhùyì fánghuǒ" jiù kěyǐ le.

周丽君　还有，外箱设计方面有什么变动，尽快通知我们，
Háiyǒu, wàixiāng shèjì fāngmiàn yǒu shénme biàndòng, jǐnkuài tōngzhī wǒmen,

　　　　我们及时转告厂方。
wǒmen jíshí zhuǎngào chǎngfāng.

金成功　好的。这您就放心好了。
Hǎo de. Zhè nín jiù fàngxīn hǎo le.

## Biz 맛있는 어법

**1** 一般来说，这应该不会出现任何问题。

'一般来说'는 관용어로 '상식적으로, 일반적으로' 라는 뜻을 나타냅니다. '一般情况下'와 뜻이 같으며, '一般说来'로 쓰기도 합니다.

一般来说，这么晚了不会有客人来。
보통 때 같으면, 이렇게 늦게는 손님이 오지 않아요.

一般来说，只要没什么特殊原因一定会按期交货的。
일반적으로, 특수한 원인이 생기지 않는 이상 기한 내에 물건을 납품할 겁니다.

* 只要 zhǐyào 젭 ~하기만 하면
* 按期 ànqī 튄 기간 내에, 기한 내에

**해석하기** 一般来说，装运之前先开立信用证。

**중작하기** 일반적으로, 이렇게 포장하면 당연히 별 문제가 없어요.


**2** 一般来说，这应该不会出现任何问题。

任何는 대명사로 '어떤 것을 막론하고, 어떤 것이든'의 뜻을 나타냅니다. 任何가 관형어로 쓰일 때는 뒤에 的를 동반하지 않습니다.

出现任何问题你们都要负责。
무슨 문제라도 생기면 다 당신들이 책임져야 해요.

按常理这件事情不会有任何风险。
상식적으로 이 일은 어떠한 위험 부담도 없습니다.

* 常理 chánglǐ 몡 상식적인 도리, 이치
* 风险 fēngxiǎn 몡 위험, 모험

**해석하기** 如果出现任何问题，由卖方负责。

**중작하기** 우리 제품은 어떠한 문제도 생긴 적이 없습니다.

| Grammar

### ③ 我快吃不消了。

吃不消는 동사 吃에 가능보어 消가 결합된 형식으로, 어떤 일을 하는 데 힘이 부치거나 계속 해 나가기 힘들 때 쓰는 표현입니다.

我最近常加班，身体都快吃不消了。
전 최근에 자주 잔업을 했더니, 몸이 너무 힘들어요.

房价高涨，老百姓真的都吃不消了。
집값이 너무 올라서, 서민들은 정말 죽을 지경이에요.

* 高涨 gāozhǎng
  동 가격이 급등하다
* 老百姓 lǎobǎixìng
  명 서민

◀ 해석하기 ▶ 原料价格不断上涨，厂家都吃不消了。

◀ 중작하기 ▶ 귀사의 요구 사항이 너무 많아, 우리가 못 살겠어요.


### ④ 去你的。金代理，你说外箱上面……

'去你的'는 상대방이 짓궂은 농담을 할 때 '그런 말은 하지도 말고!, 됐네요!'라는 뜻으로 일축하는 관용어입니다. 연인이나 잘 아는 사이에서 주로 사용하는 말로, 연인 사이에서는 여성 쪽에서 약간 부끄러워하며 되받는 말로 쓰이기도 합니다.

A: 亲爱的，明年给我生个大胖儿子!
자기야, 내년에 귀여운 아들 하나 낳아도!

B: 去你的。
아이, 몰라요.

◀ 해석하기 ▶ 去你的，我发现你的嘴巴真甜。

◀ 중작하기 ▶ 됐어요, 저는 당신과 말하지 않을 거예요.

# 연습 문제

**1** 녹음을 잘 듣고 질문에 알맞은 답을 고르세요. Track 90

[1-2]
- ① ⓐ 单层纸板箱　ⓑ 牛皮纸箱　ⓒ 硬纸板箱
- ② ⓐ 胶水　　　　ⓑ 胶带　　　ⓒ 塑料袋

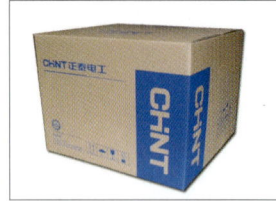

[3-4]
- ③ ⓐ 不满意　ⓑ 很满意　ⓒ 不感兴趣
- ④ ⓐ 4号　　ⓑ 10号　　ⓒ 14号

**2** 다음 대화를 완성하세요.

① 
A 这么做 <u>무슨 문제가 안 생기겠죠?</u>
B 这应该不会出现任何问题。

➡ _____

② 
A 你们 <u>포장에 대해 무슨 요구 사항이 있나요?</u>
B 这次你们最好采用悬挂式包装。

➡ _____

| Exercise

**3** 다음 단어를 어순에 맞게 배열하세요.

❶ 创意 | 这次 | 得 | 非常 | 设计 | 有

➡ _____

❷ 这个我们也会尽快, 会 | 您 | 久等 | 让 | 不 | 的

➡ 这个我们也会尽快, _____

❸ 我们希望这次 | 最好 | 悬挂式 | 采用 | 你们 | 包装

➡ 我们希望这次 _____


**4** 다음을 중국어로 써 보세요.

❶ 당신들이 디자인한 아웃 박스가 아주 창의적이더라고요. 우리 모두 맘에 들어요.

➡ _____

❷ 이번에 반드시 옷걸이에 걸어 포장하는 것에 동의할게요.

➡ _____

❸ 당신도 아시다시피 이렇게 하면 구겨지지 않잖아요.

➡ _____

# 16과

## 这批货从上海港装船。
이번 화물은 상하이항에서 선적합니다.

Track 91

**핵심구문 ❶**
这批货量大我们想分批装运。
이번에 물량이 많아서, 분할 선적을 했으면 해요.

**핵심구문 ❷**
下面我们该说装船问题了。
이제는 우리가 선적 문제에 대해 이야기를 해야 할 것 같아요.

**핵심구문 ❸**
你们什么都不用担心，我们一定处理好。
귀사에서는 아무 것도 걱정하지 않으셔도 됩니다. 저희 쪽에서 처리를 잘할 겁니다.

이번에 주문한 물량이 많아 분할 선적을 하기로 했다.

1차 물량은 오늘 공장에서 출하해서 내일 선적하고,

2차 물량도 바로 조치를 취한다고 한다.

새로운 거래처에서 들어오는 물량이라 자못 기대가 크다.

제발 기대를 저버리지 않기를……

## 선적

상황1   분할 선적 요청하기
상황2   선적 장소에 대해 묻기
상황3   선적 문제에 대해

— 동사 预计 | 명사 下面 | 전치사 由 | 以便

## Biz 맛있는 단어

Track 92

- ☐☐ 货量 huòliàng — 명 물량
- ☐☐ 分批装运 fēnpī zhuāngyùn — 분할 선적
- ☐☐ 按期 ànqī — 부 기간 내에, 기한 내에
- ☐☐ 不可避免 bùkě bìmiǎn — 피할 수 없다
- ☐☐ 意外 yìwài — 명 뜻하지 않은 사고
- ☐☐ 港 gǎng — 명 항구
- ☐☐ 宁波 Níngbō — 고유 닝보
- ☐☐ 下面 xiàmian — 명 다음, 이제
- ☐☐ 舱位 cāngwèi — 명 화물 스페이스, 좌석
- ☐☐ 由 yóu — 전 ~로 하여금, ~가
- ☐☐ 并 bìng — 접 그리고, 게다가
- ☐☐ 负担 fùdān — 동 부담하다
- ☐☐ 运输费用 yùnshū fèiyòng — 명 운수 비용, 운송비
- ☐☐ 委托 wěituō — 동 위탁하다, 위임하다
- ☐☐ 货运公司 huòyùn gōngsī — 명 포워딩(Forwarding) 업체
- ☐☐ 担心 dānxīn — 동 이합 걱정하다
- ☐☐ 海运提单 hǎiyùn tídān — 명 B/L, 선하 증권
- ☐☐ 商业发票 shāngyè fāpiào — 명 인보이스(Commercial Invoice), 상업 송장
- ☐☐ 装箱单 zhuāngxiāngdān — 명 포장 명세서(Packing List)
- ☐☐ 副本 fùběn — 명 사본
- ☐☐ 以便 yǐbiàn — 접 ~하기에 쉽도록
- ☐☐ 办理……手续 bànlǐ……shǒuxù — 수속을 하다
- ☐☐ 通关 tōngguān — 동 통관하다

| New words

## ● <비즈니스 필수 표현> 성어와 속담 (10)

☐☐ **深信不疑** 철석 같이 믿다
　　　shēn xìn bù yí

☐☐ **齐心协力** 한마음 한뜻으로 함께 노력하다
　　　qí xīn xié lì

☐☐ **想方设法** 온갖 방법을 다 생각하다
　　　xiǎng fāng shè fǎ

☐☐ **两全其美** 두 가지(쌍방이) 모두 좋은 결과를 얻도록 하다
　　　liǎng quán qí měi

☐☐ **门庭若市** 문전성시를 이루다, 찾아오는 사람(손님)이 많다
　　　mén tíng ruò shì

### ✤ 컨테이너 크기에 따른 화물 적재량은?

화물 운송 시 많이 사용되는 컨테이너에는 20피트와 40피트짜리가 있는데, 20피트는 주로 부피가 작고 무게가 많이 나가는 물건을, 40피트는 주로 가볍고 부피가 큰 물건을 적재하는 데 사용된다.

| 구분 | 길이 * 폭 * 높이 | 최대 적재량(ton) | 컨테이너 용적 | 평균 적재 용적 |
|---|---|---|---|---|
| 20피트 | 5899 * 2348 * 2390 | 17ton | 33CBM | 25CBM |
| 40피트 | 12,034 * 2348 * 2390 | 27ton | 67CBM | 55CBM |

# Biz 맛있는 회화

### 상황1  분할 선적 요청하기  Track 93

唐美  这批货量大我们想分批装运。
Zhè pī huòliàng dà wǒmen xiǎng fēnpī zhuāngyùn.

金成功  贵公司打算分几批装运?
Guì gōngsī dǎsuan fēn jǐ pī zhuāngyùn?

唐美  分两批。第一批在9月中旬，第二批在10月初。
Fēn liǎng pī. Dì-yī pī zài jiǔ yuè zhōngxún, dì-èr pī zài shí yuè chū.

金成功  希望贵公司按期装运。
Xīwàng guì gōngsī ànqī zhuāngyùn.

唐美  除非发生不可避免的意外，否则应该没问题。
Chúfēi fāshēng bùkě bìmiǎn de yìwài, fǒuzé yīnggāi méi wèntí.

金成功  那好，就这么定了!
Nà hǎo, jiù zhème dìng le!


### 상황2  선적 장소에 대해 묻기  Track 94

金成功  这批货从上海港装船吗?
Zhè pī huò cóng Shànghǎi gǎng zhuāngchuán ma?

唐美  现在上海港无法订舱位，我们只能从宁波港装船。
Xiànzài Shànghǎi gǎng wúfǎ dìng cāngwèi, wǒmen zhǐnéng cóng Níngbō gǎng zhuāngchuán.

金成功  这样您预计❶什么时候到达釜山港?
Zhèyàng nín yùjì shénme shíhou dàodá Fǔshān gǎng?

唐美  预计20号下午到达釜山港。
Yùjì èrshí hào xiàwǔ dàodá Fǔshān gǎng.

## 상황3 선적 문제에 대해 Track 95

金成功 下面❷我们该说装船问题了。
Xiàmian wǒmen gāi shuō zhuāngchuán wèntí le.

唐 美 对。装船问题还没说清楚。
Duì. Zhuāngchuán wèntí hái méi shuō qīngchu.

金成功 这次订舱位由❸你们负责,对吧?
Zhècì dìng cāngwèi yóu nǐmen fùzé, duì ba?

唐 美 对,我们负责订舱位并负担货物的一切运输费用。
Duì, wǒmen fùzé dìng cāngwèi bìng fùdān huòwù de yíqiè yùnshū fèiyòng.

金成功 你们是自己订舱位还是委托货运公司订舱位?
Nǐmen shì zìjǐ dìng cāngwèi háishi wěituō huòyùn gōngsī dìng cāngwèi?

唐 美 我们是委托货运公司订的。
Wǒmen shì wěituō huòyùn gōngsī dìng de.

金成功 我想问一句,贵公司找的货运公司可靠吧?
Wǒ xiǎng wèn yí jù, guì gōngsī zhǎo de huòyùn gōngsī kěkào ba?

唐 美 当然,我们公司跟他们合作了好几年了,
Dāngrán, wǒmen gōngsī gēn tāmen hézuò le hǎo jǐ nián le,

从来就没发生过不愉快的事。
cónglái jiù méi fāshēngguo bù yúkuài de shì.

金成功 是吗?这样我们也就放下心了。
Shì ma? Zhèyàng wǒmen yě jiù fàngxià xīn le.

唐 美 你们什么都不用担心,我们一定处理好。
Nǐmen shénme dōu búyòng dānxīn, wǒmen yídìng chǔlǐ hǎo.

金成功 好的。那么装船后,请及时把海运提单、商业发票、
Hǎo de. Nàme zhuāngchuán hòu, qǐng jíshí bǎ hǎiyùn tídān、shāngyè fāpiào、

装箱单副本传真给我们,以便❹办理通关手续。
zhuāngxiāngdān fùběn chuánzhēn gěi wǒmen, yǐbiàn bànlǐ tōngguān shǒuxù.

唐 美 好的。
Hǎo de.

## Biz 맛있는 어법

**①** 这样您**预计**什么时候到达釜山港?

预计는 동사로 어떤 일을 하기에 앞서 미리 계획해 보고 추산해 보는 것을 뜻합니다. 비용이나 사람 수 등을 목적어로 동반할 수 있습니다.

台风**预计**今晚将会在浙江沿海一带登陆。
태풍은 오늘밤 저지앙 연해 지역 일대에 상륙할 것으로 예측됩니다.

我们**预计**明天中午左右抵达目的地。
우리는 내일 점심 때쯤 목적지에 도착할 것 같습니다.

* 登陆 dēnglù 통 상륙하다
* 抵达 dǐdá 통 도착하다

**해석하기** 我们预计23号能到目的港。

**중작하기** 저희는 이 달 말에 선적할 수 있으리라 예상합니다.


**②** **下面**我们该说装船问题了。

下面은 명사로 지금 말하고 있거나 쓰고 있는 글의 '다음 부분'을 가리킬 때 사용하는데, 주로 회의나 토론할 때 많이 씁니다.

**下面**我们来谈谈环保问题吧。
다음은 우리 환경 보호 문제에 대해 이야기해 보죠.

**下面**我来介绍一下我公司的发展前景。
다음은 제가 폐사의 비전에 대해 소개하겠습니다.

* 环保 huánbǎo 환경 보호(环境保护 huánjìng bǎohù의 줄임말)
* 发展前景 fāzhǎn qiánjǐng 발전성, 비전

**해석하기** 下面我来介绍一下我们公司的经营情况。

**중작하기** 이제는 우리가 운송 회사 건에 대해 얘기를 해야겠는데요.

| Grammar

### ③ 这次订舱位由你们负责，对吧?

전치사 由는 '~로 하여금, ~가'라는 뜻으로 책임이 어딘가로 귀속됨을 나타냅니다. 由 뒤에 개인이나 단체 등의 목적어가 동반되어 어떤 동작을 하는 주체가 됩니다.

剩下的事由我们来做就行了。
남은 일은 우리가 처리하면 됩니다.

展览会的准备工作由谁负责?
전시회 준비는 누가 책임지죠?

**해석하기** 工厂检查的事由卖方来负责。

___

**중작하기** 아웃 박스 디자인은 저희가 결정하겠습니다.

___

### ④ 以便办理通关手续。

以便은 복문에서 뒤 절의 시작 부분에 놓여 '어떤 일이 쉽게 될 수 있도록'의 뜻을 나타냅니다. 부정을 할 때는 不便이나 不便于를 씁니다.

请留下您的联系方式，以便我们及时联系。
우리가 제때 연락할 수 있도록 연락처를 남겨 주세요.

请配合一下，以便我们的工作顺利进行。
저희 업무가 순조롭게 진행될 수 있도록 협조 부탁드립니다.

*配合 pèihé
동 협력하다, 호응하다

**해석하기** 请你们及时开立信用证，以便按时装船。

___

**중작하기** 저희가 제때 시장에 출시할 수 있도록, 귀사가 예정대로 선적하셨으면 합니다.

___

# 연습 문제

**1** 녹음을 잘 듣고 질문에 알맞은 답을 고르세요. Track 96

[1-2]
① ⓐ 分一批　ⓑ 分两批　ⓒ 分三批
② ⓐ 9月中旬　ⓑ 10月初　ⓒ 10月中旬

[3-4]
③ ⓐ 上海港　ⓑ 烟台港　ⓒ 宁波港
④ ⓐ 20号上午　ⓑ 20号下午　ⓒ 20号晚上

**2** 다음 대화를 완성하세요.

①
A 下面 우리가 선적 문제에 대해 이야기를 해야겠는데요.
B 对。装船问题还没说清楚。

➡ _____

②
A 你们 아무것도 걱정하실 것 없어요, 我们一定处理好。
B 这样我们就放心了。

➡ _____

184 • 맛있는 비즈니스 중국어 Level ❹

| Exercise

**3** 다음 단어를 어순에 맞게 배열하세요.

❶ 不可避免 | 发生 | 除非 | 意外 | 的, 否则应该没问题。

➡ _____, 否则应该没问题。

❷ 我们 | 货运公司 | 委托 | 是 | 订 | 的

➡ _____

❸ 我们 | 这样 | 心 | 也 | 了 | 就 | 放下

➡ _____


**4** 다음을 중국어로 써 보세요.

❶ 저희 쪽에서 화물 스페이스도 예약하고 화물 운송에 대한 모든 비용을 부담합니다.

➡ _____

❷ 듣자 하니, 저 운송 회사가 믿을만 하다던대, 그들에게 위탁해요.

➡ _____

❸ 인보이스 사본을 얼른 저희에게 팩스로 보내 주세요.

➡ _____

# 비즈 실전 정보

### ★ 포장 관련 표시

小心轻放
xiǎoxīn qīngfàng
취급 주의

向上
xiàng shàng
수직으로 올리세요

禁止手钩
jìnzhǐ shǒugōu
갈고리 사용 금지

怕湿
pàshī
습기에 약함

怕热
pàrè
더위에 약함

远离放射源及热源
yuǎnlí fàngshèyuán
jí rèyuán
방사원과 열원에서
멀리 떨어지세요

请勿踩压
qǐngwù cǎiyā
밟지 마세요

禁止翻滚
jìnzhǐ fāngǔn
굴리지 마세요

防火
fánghuǒ
방화, 화재 방지

## ★ 알아두면 유용한 주제별 비즈 단어

• 포장

| 중국어 | 병음 | 뜻 |
| --- | --- | --- |
| 玻璃纸 | bōlizhǐ | 셀로판지 |
| 纸袋 | zhǐdài | 종이봉투 |
| 商标纸 | shāngbiāozhǐ | 상표지 |
| 纸筒 | zhǐtǒng | 종이통 |
| 小桶 | xiǎotǒng | 작은 통 |
| 铁桶 | tiětǒng | 철통 |
| 麻袋 | mádài | 마대 |
| 泡沫塑料 | pàomò sùliào | 플라스틱 폼 |
| 罐装 | guànzhuāng | 통조림 캔 |
| 硬纸盒 | yìngzhǐhé | 골판지 박스 |
| 无菌纸盒 | wújūn zhǐhé | 무균함 |
| 合成橡胶 | héchéng xiàngjiāo | 합성 고무 |
| 折叠式顶盖 | zhédiéshì dǐnggài | 접이식 덮개 |
| 粘结剂 | zhānjiéjì | 접착제 |
| 密封剂 | mìfēngjì | 밀봉제 |
| 小容器 | xiǎoróngqì | 캡슐 |
| 防腐剂 | fángfǔjì | 방부제 |
| 防水 | fángshuǐ | 방수 |
| 灭菌 | mièjūn | 멸균 |
| 牛皮纸 | niúpízhǐ | 크라프트지 |
| 夹具 | jiājù | 고정시키는 공구 |
| 组合式 | zǔhéshì | 조립식 |
| 不透明度 | bútòumíngdù | 불투명도 |

# 17과

## 明天我们就签合同吧。
내일 바로 계약합시다.

Track 97

 핵심구문 ❶

**你看合同上有没有意见不一致的地方?**
계약서상에 의견이 불일치하는 곳이 있나요?

 핵심구문 ❷

**这是合同草案。请仔细看看条款内容。**
계약서 초안입니다. 계약 조항 내용을 자세히 보세요.

 핵심구문 ❸

**现在合同上的所有问题都解决了，咱们可以签字了。**
이제 계약서상의 모든 문제가 해결되었으니, 계약서를 써도 되겠어요.

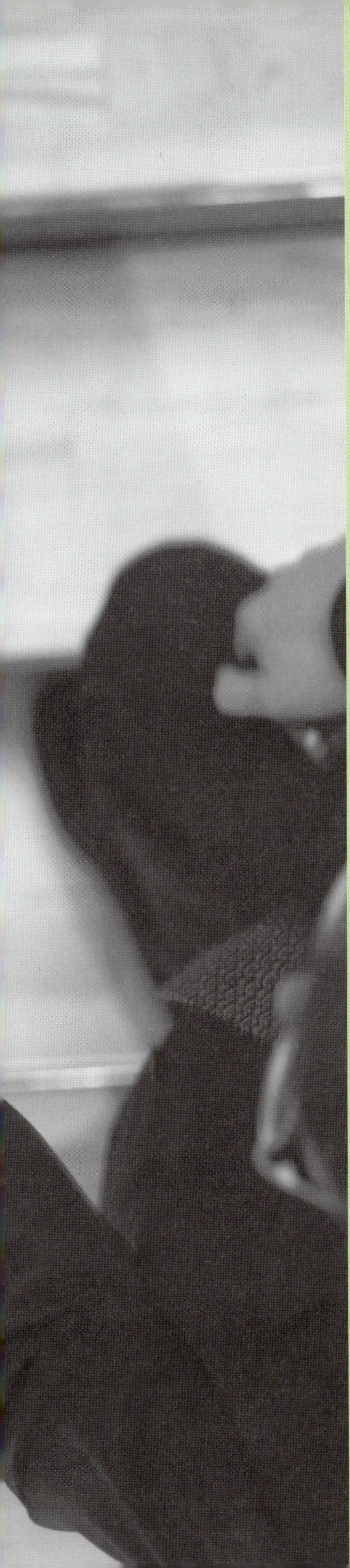

나, 김성공의 경험에 비추어 볼 때, 중국어로 작성된
계약서는 접속사나 부사에 따라 의미가 달라질 수 있다.
때문에 절대로 대충대충 살펴보아선 안 된다.
'先小人，后君子'를 기억하자.
계약서를 확인할 때는 소인배처럼,
계약서에 서명한 후에는 대인배가 되자!!

## 계약 체결

상황 1  계약서 살펴보기
상황 2  이메일로 계약서 받기
상황 3  계약 조항 수정하기
- 동사 指出 | 형용사 所有 | 전치사 对于 | 동사 失陪

# Biz 맛있는 단어

Track 98

| | | |
|---|---|---|
| ☐☐ | 草案 cǎo'àn | 몡 초안 |
| ☐☐ | 品名 pǐnmíng | 몡 품명 |
| ☐☐ | 规格 guīgé | 몡 규격 |
| ☐☐ | 所有 suǒyǒu | 혱 모든, 전부의 |
| ☐☐ | 条款 tiáokuǎn | 몡 조항 |
| ☐☐ | 意见 yìjiàn | 몡 의견, 견해, 불만 |
| ☐☐ | 一致 yízhì | 혱 일치하다 |
| ☐☐ | 指出 zhǐchū | 동 지적하다 |
| ☐☐ | 修改 xiūgǎi | 동 고치다, 수정하다 |
| ☐☐ | 补充 bǔchōng | 동 보충하다 |
| ☐☐ | 对于 duìyú | 전 ~에 대해서 |
| ☐☐ | 索赔 suǒpéi | 동 배상하다, 클레임을 요구하다 |
| ☐☐ | 由此 yóucǐ | 접 이리하여, 이로 인해 |
| ☐☐ | 引起 yǐnqǐ | 동 야기하다, 불러일으키다 |
| ☐☐ | 反对 fǎnduì | 동 반대하다 |
| ☐☐ | 签字 qiānzì | 동 이합 서명하다, 사인하다 |
| ☐☐ | 失陪 shīpéi | 동 먼저 실례하겠습니다 |

## ● <비즈니스 필수 표현> 계약

☐☐ **这是中文合同，请您仔细审核所有条款。**
Zhè shì Zhōngwén hétong, qǐng nín zǐxì shěnhé suǒyǒu tiáokuǎn.
이것은 중문 계약서입니다. 모든 조항을 자세히 살펴보십시오.

☐☐ **你们要几份副本？** 사본은 몇 부 필요하신가요?
Nǐmen yào jǐ fèn fùběn?

☐☐ **我们这笔生意应该在双方签订书面合同时生效。**
Wǒmen zhè bǐ shēngyi yīnggāi zài shuāngfāng qiāndìng shūmiàn hétong shí shēngxiào.
우리의 이번 계약 건은 쌍방이 서면 계약을 하는 동시에 효력이 발생합니다.

☐☐ **我想跟您商量234号合同更改问题。**
Wǒ xiǎng gēn nín shāngliang èrbǎi sānshísì hào hétong gēnggǎi wèntí.
저는 귀하와 234번 계약서의 변경 문제를 상의하고 싶은데요.

☐☐ **我对合同条款很满意，不过有一条需要补充一下。**
Wǒ duì hétong tiáokuǎn hěn mǎnyì, búguò yǒu yì tiáo xūyào bǔchōng yíxià.
저는 계약서 조항이 마음에 듭니다만, 한 조항에 대해서는 보충을 해야겠네요.

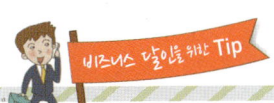

### ✚ 잠깐! 돌다리도 다시 두드리기

쌍방이 합의를 통해 계약서를 작성할 경우, 먼저 초안을 작성해 확인을 하는데, 이때 특히 세심하게 챙길 것이 수량과 주소지 등이다. 숫자로 된 부분은 '아차' 하는 순간 실수를 범하기 쉽기 때문에 재차 확인할 필요가 있다. 이와 함께 과부족 부분을 정확히 표기해 화물이 도착한 후에 문제가 발생하지 않도록 하는 것도 필요하다. 잘못된 부분을 수정한 후에는 정식 계약서를 작성해 책임자가 사인한다. 참고로 중국에서는 보편적으로 도장보다는 '사인'을 많이 한다.

## Biz 맛있는 회화

**상황1** 계약서 살펴보기  Track 99

金成功 你们什么时候做出合同草案?
Nǐmen shénme shíhou zuòchū hétong cǎo'àn?

唐 美 今天下午就可以做出来了。
Jīntiān xiàwǔ jiù kěyǐ zuò chūlái le.

金成功 那先用邮件发给我们看一下，好吗?
Nà xiān yòng yóujiàn fāgěi wǒmen kàn yíxià, hǎo ma?

唐 美 好的。你们仔细看品名、规格、交货期、
Hǎo de. Nǐmen zǐxì kàn pǐnmíng, guīgé, jiāohuòqī,

支付方式等重要内容，如果有什么问题，请及时指出❶。
zhīfù fāngshì děng zhòngyào nèiróng, rúguǒ yǒu shénme wèntí, qǐng jíshí zhǐchū.

金成功 好的。
Hǎo de.

**상황2** 이메일로 계약서 받기  Track 100

唐 美 这是我们做的合同，请你们仔细看所有❷条款。
Zhè shì wǒmen zuò de hétong, qǐng nǐmen zǐxì kàn suǒyǒu tiáokuǎn.

金成功 好的。
Hǎo de.

唐 美 你看合同上有没有意见不一致的地方?
Nǐ kàn hétong shang yǒu méiyǒu yìjiàn bù yízhì de dìfang?

金成功 我觉得没什么问题。
Wǒ juéde méi shénme wèntí.

唐 美 那我们可以签合同了?
Nà wǒmen kěyǐ qiān hétong le?

金成功 可以。明天我们就签合同吧。
Kěyǐ. Míngtiān wǒmen jiù qiān hétong ba.

| Dialogue

**상황3** **계약 조항 수정하기** Track 101

唐 美　金代理，这是合同草案。请仔细看看条款内容，
　　　Jīn dàilǐ, zhè shì hétong cǎo'àn. Qǐng zǐxì kànkan tiáokuǎn nèiróng,

　　　指出要修改或补充的意见。
　　　zhǐchū yào xiūgǎi huò bǔchōng de yìjiàn.

金成功　唐小姐，装船期限应该为8月中旬，对吧?
　　　Táng xiǎojiě, zhuāngchuán qīxiàn yīnggāi wéi bā yuè zhōngxún, duì ba?

唐 美　对，8月中旬。你对付款条件有没有意见?
　　　Duì, bā yuè zhōngxún. Nǐ duì fùkuǎn tiáojiàn yǒu méiyǒu yìjiàn?

金成功　没有。
　　　Méiyǒu.

唐 美　**对于❸**其他条款你还有什么问题吗?
　　　Duìyú qítā tiáokuǎn nǐ hái yǒu shénme wèntí ma?

金成功　我们在索赔条款中加一条:"如索赔成立，由此引起的
　　　Wǒmen zài suǒpéi tiáokuǎn zhōng jiā yì tiáo: "Rú suǒpéi chénglì, yóucǐ yǐnqǐ de

　　　全部费用应由卖方负担"。你觉得怎么样?
　　　quánbù fèiyòng yīng yóu màifāng fùdān". Nǐ juéde zěnmeyàng?

唐 美　可以，我们不反对。
　　　Kěyǐ, wǒmen bù fǎnduì.

金成功　我看其他条款没什么问题。
　　　Wǒ kàn qítā tiáokuǎn méi shénme wèntí.

唐 美　那好，现在合同上的所有问题都解决了，咱们可以签字了。
　　　Nà hǎo, xiànzài hétong shang de suǒyǒu wèntí dōu jiějué le, zánmen kěyǐ qiānzì le.

金成功　行。您说我们什么时候签字?
　　　Xíng. Nín shuō wǒmen shénme shíhou qiānzì?

唐 美　这样，我先修改刚才我们说过的内容，
　　　Zhèyàng, wǒ xiān xiūgǎi gāngcái wǒmen shuōguo de nèiróng,

　　　你明天上午来签字，好吗?
　　　nǐ míngtiān shàngwǔ lái qiānzì, hǎo ma?

金成功　好的，那今天先**失陪❹**，明天再来一趟吧。
　　　Hǎo de, nà jīntiān xiān shīpéi, míngtiān zài lái yí tàng ba.

## 맛있는 어법

**①** 如果有什么问题，请及时指出。

指出는 동사로 업무상의 문제점이나 문서상의 잘못된 점에 대해 '지적하다'라는 뜻을 나타냅니다. 뒤에 缺点, 理由, 错误, 问题 등의 목적어를 자주 동반합니다.

千万不要当面指出别人的错误。
대놓고 다른 사람의 잘못을 지적하지는 마세요.

他指出，当前最重要的事就是反腐败。
그는 현재 가장 중요한 일은 바로 부패에 맞서는 것이라고 지적했습니다.

* 当面 dāngmiàn
  부 그 자리에서, 대놓고
* 反腐败 fǎn fǔbài
  통 부패에 맞서다

**[해석하기]** 合同条款上有什么问题，请指出来。

**[중작하기]** 귀사가 지적한 문제는 저희가 바로 수정하겠습니다.


**②** 请你们仔细看所有条款。

所有는 형용사로 '가지고 있는 모든 것, 전부'라는 뜻을 나타냅니다. 所有 앞에 범위를 제한하는 단어가 동반되며 관형어로 쓰일 때는 的를 붙일 수 있습니다.

包括老总在内的所有人都要义务劳动一周。
사장님을 포함한 모든 사람들이 무보수로 일주일 동안 일해야 합니다.

我要把所有的精力都放在工作上。
저는 모든 에너지를 다 일에 쏟으려고 해요.

* 义务劳动 yìwù láodòng
  명 의무 노동, 무보수 노동
* 精力 jīnglì 명 정력, 에너지

**[해석하기]** 公司里存在的所有的问题都解决了。

**[중작하기]** 우리는 모든 자금을 신제품 개발에 쏟아 부었어요.

| Grammar

### ③ 对于其他条款你还有什么问题吗?

전치사 对于는 '~에 대해'라는 뜻으로 동작의 대상을 나타냅니다. 对와 바꿔 쓸 수 있으며, 목적어로 명사, 동사, 구, 절을 동반할 수 있습니다. '对于……来说(~에게 있어서는)' 형식으로도 많이 쓰입니다.

**对于**这个问题，大家都要好好反省一下。
이 문제에 대해, 다들 깊이 반성하세요.

**对于**我来说，友情比爱情更重要。
저에게는 우정이 사랑보다 훨씬 중요해요.

* 反省 fǎnxǐng 동 반성하다

**해석하기** 对于这个问题，我们会好好讨论一下。

**중작하기** 지불 방식에 대해서, 쌍방이 이미 동의했어요.


### ④ 那今天先失陪，明天再来一趟吧。

失陪는 '먼저 실례하겠습니다'라는 뜻으로 다른 사람들과 같이 있다가 먼저 자리를 뜰 때 사용하는 말입니다. '失陪一下, 失陪了' 등으로 많이 쓰입니다.

不好意思，**失陪**一下。
죄송합니다만, 먼저 실례하겠습니다.

临时有要事在身，请恕我**失陪**了。
잠시 중요한 일이 생겨, 먼저 자리를 뜨게 됨을 용서해 주십시오.

* 临时 línshí 형 잠시의, 일시적인 부 그때가 되어
* 要事在身 yàoshì zài shēn 중요한 일이 있다
* 恕 shù 동 용서하다

**해석하기** 不好意思，失陪一下，过一会儿再回来。

**중작하기** 외국 손님이 곧 도착하셔서, 저는 먼저 일어나겠습니다.

# 연습 문제

**1** 녹음을 잘 듣고 질문에 알맞은 답을 고르세요. Track 102

[1-2]
① ⓐ 今天上午　ⓑ 今天下午　ⓒ 明天下午
② ⓐ 传真　　　ⓑ 邮件　　　ⓒ 快递

[3-4]
③ ⓐ 双方同意了　ⓑ 男的不同意　ⓒ 女的不同意
④ ⓐ 今天　　　　ⓑ 明天　　　　ⓒ 后天

**2** 다음 대화를 완성하세요.

① A 请 계약 조항 내용을 자세히 보시고, 指出要修改或补充的意见。
　 B 好的。您稍等一下。

➡ _____

② A 我看 기타 조항에는 별 문제가 없네요.
　 B 那好，咱们可以签字了。

➡ _____

| Exercise

**3** 다음 단어를 어순에 맞게 배열하세요.

① 期限 | 中旬 | 应该 | 为 | 装船 | 8月

➡ _____

② 现在 | 所有问题 | 合同上 | 解决了 | 的 | 都

➡ _____

③ 说 | 签字 | 什么时候 | 我们

➡ 您 _____


**4** 다음을 중국어로 써 보세요.

① 만약에 무슨 문제가 있으면 바로 지적해 주세요.

➡ _____

② 기타 조항에 대해 무슨 의견 있으시면 말씀해 주세요.

➡ _____

③ 이 사장님께서 돌아오신 후 바로 계약해요.

➡ _____

# 18과

## 贵公司必须得赔偿。
귀사에서 반드시 손해 배상을 하셔야 합니다.

Track 103

**핵심구문 ❶**

这既然是我们的问题我们一定承担责任。
일이 저희 때문에 생겼으니 저희가 꼭 책임을 지겠습니다.

**핵심구문 ❷**

这批货没法投放市场了。
이번에 온 제품은 시장에 내놓을 수가 없어요.

**핵심구문 ❸**

不做则已，要做就必须做好。
안 하면 안 했지, 하려고 마음 먹었으면 반드시 제대로 해야 합니다.

이번에 들어온 물량에서 대량의 불량품이 발견되어

회사에 막대한 손실을 초래할 뻔했는데,

역시나 노장은 달리 노장이 아니었다.

주 사장님의 대처 능력은 신속하고 정확했다.

큰일을 한 차례 겪고 나니, 주 사장님의 좌우명이 더 와 닿는다.

'不做则已，要做就必须做好(안 하면 안했지,

하려고 마음 먹었으면 반드시 제대로 해라)'

### 🔍 클레임

상황1  제품 포장에 문제가 생겼을 때
상황2  업체에 손해 배상을 요구할 때
상황3  불량 제품 반품 처리를 요청할 때

— 因为……而…… | 접속사 不管 |
전치사 经过 | 부사 另外

# Biz 맛있는 단어

Track 104

- 合格 hégé 형 합격하다
- 皱 zhòu 동 구겨지다, 찡그리다
- 因为……而…… yīnwèi……ér…… ~때문에 ~하다
- 损失 sǔnshī 명 손실, 손해 동 손실을 입다, 손해를 보다
- 达 dá 동 ~에 이르다
- 苦衷 kǔzhōng 명 고충
- 不管 bùguǎn 접 ~을 막론하고, ~와 관계없이
- 赔偿 péicháng 동 배상하다, 보상하다
- 承担 chéngdān 동 부담하다
- 责任 zérèn 명 책임
- 急着 jízhe 서둘러 ~하다
- 千万 qiānwàn 부 제발, 부디
- 吓 xià 동 무서워하다, 놀라다
- 不良 bùliáng 명 불량 형 불량이다
- 可能 kěnéng 명 가능성, 가망 형 가능하다
- 第二天 dì-èr tiān 명 이튿날
- 一个一个地 yí ge yí ge de 하나씩 하나씩
- 经过 jīngguò 전 ~를 통해 동 ~를 경유하다
- 印花不匀 yìnhuā bù yún 프린트 불량
- 尺寸不当 chǐcun bú dàng 사이즈 불량
- 极为 jíwéi 부 아주, 대단히
- 严重 yánzhòng 형 심각하다

- 造成 zàochéng 동 초래하다, 만들다
- 莫大 mòdà 형 막대하다, 더없이 크다
- 运费 yùnfèi 명 운송비, 운임
- 另外 lìngwài 접 그 밖에 부 별도로 대 다른
- 补 bǔ 동 보충하다, 채우다
- 座右铭 zuòyòumíng 명 좌우명
- 不做则已，要做就必须做好 bú zuò zé yǐ, yào zuò jiù bìxū zuòhǎo 안 하면 안 했지, 하면 반드시 제대로 해야 한다
- 果然 guǒrán 부 과연, 아니나 다를까
- 成大事者不惜小费 chéng dàshì zhě bùxī xiǎofèi 큰일을 하는 사람은 작은 돈에 연연하지 않는다
- 气魄 qìpò 명 기백, 기세

| New words

## ● 〈비즈니스 필수 표현〉 클레임

☐☐ **发生这样的事情，实在很抱歉。**
Fāshēng zhèyàng de shìqing, shízài hěn bàoqiàn.
이런 일이 생긴 데 대해 참으로 죄송하게 생각합니다.

☐☐ **这应该由我们承担全部责任。** 이는 당연히 저희가 전부 책임을 져야 합니다.
Zhè yīnggāi yóu wǒmen chéngdān quánbù zérèn.

☐☐ **我们向贵公司提出短重索赔。** 저희는 귀사에 대해 중량 미달 클레임을 제기합니다.
Wǒmen xiàng guì gōngsī tíchū duǎnzhòng suǒpéi.

☐☐ **我们无法接受贵公司的索赔要求。**
Wǒmen wúfǎ jiēshòu guì gōngsī de suǒpéi yāoqiú.
저희는 귀사의 클레임 요구를 수락할 수 없습니다.

☐☐ **我们要求贵公司负责解决上述索赔问题。**
Wǒmen yāoqiú guìgōngsī fùzé jiějué shàngshù suǒpéi wèntí.
저희는 귀사가 상술한 클레임 문제에 대해 책임지고 해결해 주실 것을 요구합니다.

+ **쌍방 간에 쟁의가 발생하면?**

비즈니스를 하다 보면, 본의 아니게 쟁의에 휘말리게 될 때가 있다. 이럴 경우, 가장 좋은 방법은 쌍방이 직접 해결하는 것이지만 부득이한 경우에는 제3자에게 조정을 의뢰하기도 한다. 따라서 이러한 상황에 대비해 계약서 조항에 중재 부분을 명시할 필요가 있는데, 이때 어느 중재 기구에서 중재를 받을 것인지, 어떠한 중재 수순을 밟을 것인지, 어느 나라의 법률을 기준으로 할 것인지 등을 분명히 밝혀야 하며 중재 비용을 부담하는 방법도 확실히 해두어야 한다.

## 맛있는 회화

**상황1** 제품 포장에 문제가 생겼을 때  Track 105

金成功  周总，我得和您说说这包装的事儿。
Zhōu zǒng, wǒ děi hé nín shuōshuo zhè bāozhuāng de shìr.

周丽君  怎么了，金代理?
Zěnme le, Jīn dàilǐ?

金成功  不是说好的用悬挂式包装吗?
Bú shì shuō hǎo de yòng xuánguàshì bāozhuāng ma?

周丽君  对呀，怎么了?
Duì ya, zěnme le?

金成功  可是用的衣架不合格，衣服都皱了。
Kěshì yòng de yījià bù hégé, yīfu dōu zhòu le.

周丽君  是吗? 你先别急，我肯定给你们处理好。
Shì ma? Nǐ xiān bié jí, wǒ kěndìng gěi nǐmen chǔlǐ hǎo.


**상황2** 업체에 손해 배상을 요구할 때  Track 106

金成功  这次因为你们不按时交货而❶引起的损失达一万美元。
Zhècì yīnwèi nǐmen bú ànshí jiāohuò ér yǐnqǐ de sǔnshī dá yíwàn Měiyuán.

周丽君  这实在抱歉! 可是我们也是有苦衷的呀。
Zhè shízài bàoqiàn! Kěshì wǒmen yě shì yǒu kǔzhōng de ya.

金成功  不管❷怎么样，你们必须得赔偿。
Bùguǎn zěnmeyàng, nǐmen bìxū děi péicháng.

周丽君  好。这既然是我们的问题我们一定承担责任。
Hǎo. Zhè jìrán shì wǒmen de wèntí wǒmen yídìng chéngdān zérèn.

| Dialogue

**상황3** 불량 제품 반품 처리를 요청할 때  Track 107

周丽君　金代理，听说你急着找我，出什么事了吗?
Jīn dàilǐ, tīngshuō nǐ jízhe zhǎo wǒ, chū shénme shì le ma?

金成功　周总，这回可麻烦大了。这批货没法投放市场了。
Zhōu zǒng, zhèhuí kě máfan dà le. Zhè pī huò méi fǎ tóufàng shìchǎng le.

周丽君　到底怎么了? 你快说给我听。
Dàodǐ zěnme le? Nǐ kuài shuō gěi wǒ tīng.

金成功　周总，您千万别吓着。这批货将近一半都是不良品。
Zhōu zǒng, nín qiānwàn bié xiàzhe. Zhè pī huò jiāngjìn yíbàn dōu shì bùliángpǐn.

周丽君　什么? 将近一半是不良品? 这怎么可能?
Shénme? Jiāngjìn yíbàn shì bùliángpǐn? Zhè zěnme kěnéng?

金成功　是这样，上星期货一到，我们就投放市场，刚开始反应特别好，
Shì zhèyàng, shàng xīngqī huò yí dào, wǒmen jiù tóufàng shìchǎng, gāng kāishǐ fǎnyīng tèbié hǎo,
可第二天开始我们的客户一个一个地都要求退货。
kě dì-èr tiān kāishǐ wǒmen de kèhù yí ge yí ge de dōu yàoqiú tuìhuò.
**经过❸** 调查发现，这批货印花不匀、尺寸不当的现象极为严重。
Jīngguò diàochá fāxiàn, zhè pī huò yìnhuā bù yún、chǐcun bú dàng de xiànxiàng jíwéi yánzhòng.

周丽君　是吗? 非常抱歉，一下子给你们造成了莫大的损失。
Shì ma? Fēicháng bàoqiàn, yíxiàzi gěi nǐmen zàochéng le mòdà de sǔnshī.
事情既然这样了，你们马上去办理退货手续，包括运费一切
Shìqing jìrán zhèyàng le, nǐmen mǎshàng qù bànlǐ tuìhuò shǒuxù, bāokuò yùnfèi yíqiè
费用都由我们承担。**另外❹**，我们重新安排生产任务，
fèiyòng dōu yóu wǒmen chéngdān. Lìngwài, wǒmen chóngxīn ānpái shēngchǎn rènwu,
在最短的时间内补齐你们的货。
zài zuì duǎn de shíjiān nèi bǔqí nǐmen de huò.

金成功　周总，这么做你们的损失也不少啊。
Zhōu zǒng, zhème zuò nǐmen de sǔnshī yě bùshǎo a.

周丽君　我这人的座右铭就是"不做则已，要做就必须做好"。
Wǒ zhè rén de zuòyòumíng jiùshì "Bú zuò zé yǐ, yào zuò jiù bìxū zuòhǎo".

金成功　果然有成大事者不惜小费的气魄，佩服。
Guǒrán yǒu chéng dàshì zhě bùxī xiǎofèi de qìpò, pèifú.

## Biz 맛있는 어법

① 这次**因为**你们不按时交货**而**引起的损失达一万美元。

'因为……而……'은 '~때문에, 그리하여 ~하다'라는 뜻을 나타내는 인과 복문으로 因为 뒤에 원인이 제시되고, 而 뒤에 원인과 부합되는 결과가 동반됩니다.

他**因为**上班迟到**而**被解雇了。
그는 출근 시간에 지각을 해서 해고되었어요.

**因为**失恋**而**整天闷闷不乐，不值得。
실연한 것 때문에 하루 종일 우울해하다니, 그럴 것까진 없잖아요.

* 解雇 jiěgù 통 해고하다
* 闷闷不乐 mèn mèn bú lè 우울해하다, 시무룩해하다

【해석하기】 这批货因为出现质量问题，而给公司造成了损失。
_____

【중작하기】 이번 물량은 불량이 많아 반품되었어요.
_____


② **不管**怎么样，你们必须得赔偿。

不管은 접속사로 '어떤 상황이나 조건에서도 결과는 마찬가지일 것이다'라는 뜻을 나타냅니다. 복문에 쓰일 때는 항상 不管 뒤에 정반 형식이나 의문대명사가 위치합니다.

**不管**你去不去，反正我要去。
당신이 가든 안 가든, 어쨌든 저는 갈 거예요.

**不管**怎么样，上边决定的事，照办吧。
어쨌든 간에, 상부에서 결정한 일은 따르자고요.

* 照办 zhàobàn 통 그대로 처리하다

【해석하기】 不管怎么样，我答应你们的事情，会尽快做到。
_____

【중작하기】 어쨌든 간에, 저희가 바로 귀사의 물량을 보충해 드리겠습니다.
_____

| Grammar

### ③ 经过调查发现，……

经过는 장소, 시간, 동작 등을 '거치다'라는 뜻을 나타냅니다. 전치사로 쓰여 어떤 동작을 제시하고 뒤에서 그 동작으로 인해 도출된 결과를 설명합니다.

**经过**五年的刻苦努力，他终于成功了。
5년 동안 힘들게 노력한 결과, 그는 마침내 성공했어요.

*刻苦 kèkǔ
형 몹시 애를 쓰다

**经过**这次灾难以后，他更加感受到活着的意义。
이번 재난을 계기로 그는 살아 있다는 것의 의미를 더욱 절실히 느꼈어요.

**해석하기** 经过大家的努力，我们终于生产出好产品来了。

**중작하기** 조사를 통해, 포장 쪽에 심각한 문제가 있음을 발견했어요.


### ④ 另外，我们重新安排生产任务，……

另外는 부사로 앞에서 이미 얘기했거나 쓴 것 이외에, 또 다른 것을 뜻합니다. 另外 뒤에 再, 又, 还 등이 동반되기도 합니다.

**另外**，还有一件更重要的事交给你。
그 밖에 또 한 가지 더 중요한 일을 당신에게 맡길게요.

**另外**，公司决定给你升职。
그 밖에, 회사에서는 당신을 승진시키기로 했어요.

**해석하기** 另外，还有一件更重要的事想跟你商量。

**중작하기** 그 밖에, 반품 수속 비용은 우리가 부담하겠습니다.

# 연습 문제

**1** 녹음을 잘 듣고 질문에 알맞은 답을 고르세요. Track 108

[1-2]

❶ ⓐ 真空包装　ⓑ 悬挂式包装　ⓒ 折叠式包装

❷ ⓐ 衣服都脏了　ⓑ 衣服都皱了　ⓒ 衣服都破了

[3-4]

❸ ⓐ 不良品很多　ⓑ 缺少数量　ⓒ 外箱破了

❹ ⓐ 办理装船手续
　ⓑ 办理通关手续
　ⓒ 办理退货手续

**2** 다음 대화를 완성하세요.

❶
A 不管怎么样，你们必须得赔偿。
B 这既然是我们的问题，저희가 반드시 책임을 지겠습니다.

➡ _____

❷
A 我们重新安排生产任务，가장 빠른 시간 내에 귀사의 물량을 채우겠습니다.
B 这么做你们的损失也不少啊。

➡ _____

| Exercise

**3** 다음 단어를 어순에 맞게 배열하세요.

❶ 肯定 | 处理 | 给 | 你们 | 好

➡ 我 _____

❷ 非常抱歉, 损失 | 给 | 莫大的 | 贵公司 | 造成了

➡ 非常抱歉, _____

❸ 包括 | 运费 | 都 | 承担 | 由 | 我们 | 一切费用

➡ _____

**4** 다음을 중국어로 써 보세요.

❶ 주 사장님, 절대로 놀라지 마세요.

➡ _____

❷ 이번 물량의 대부분이 불량이에요. 시장에 내놓을 수가 없어요.

➡ _____

❸ 귀사의 제품에 대한 고객들의 반응이 매우 좋아요.

➡ _____

# 비즈 실전 정보

★ 실전 문서 ❹ 계약서

合同书 ······ 계약서

甲方：
乙方：
合同编号： ······ 계약서 번호
签订地点： ······ 계약 장소
签订时间： ······ 계약 시간

一、产品名称、数量、规格如下 ······ 제품 명칭, 수량, 규격은 다음과 같다

| 品名 | 款式 | 面料 | 数量 | 单价 | 金额 | 备注 |
|---|---|---|---|---|---|---|
|  |  |  |  |  |  |  |
|  |  |  |  |  |  |  |
|  |  |  |  |  |  |  |
|  |  |  |  |  |  |  |
|  |  |  |  |  |  |  |
| 合计 ···· 합계 |  |  |  |  |  |  |

二、验收标准 ······ 검수 기준
三、交货时间 ······ 물품 인도 날짜
四、结算方式及期限 ······ 결산 방식 및 기한
五、质量异议期限 ······ 품질 의견 기한
六、违约责任 ······ 계약 위약 책임
七、本合同一式两份，甲乙双方各执一份，自合同双方代表签订之日起生效，未尽事宜 双方协商处理。

甲方代表： ····· 갑측 대표           乙方代表： ····· 을측 대표
单位地址： ····· 회사 주소           单位地址：
开 户 行： ····· 계좌 개설 은행      开 户 行：
银行账号：                           银行账号： ····· 은행 계좌 번호

　　　　　　　　　　　　　　　　　　　　　　＿＿＿＿年＿＿＿月＿＿＿日

본 계약서는 두 부를 작성하여, 갑·을 양측이 각각 한 부씩 지닌다. 양측 대표가 계약서에 서명한 후부터 효력이 생기며, 해결되지 않은 사항은 양측 협의 하에 처리한다.

## ★ 알아두면 유용한 주제별 비즈 단어

- 계약서

| 중국어 | 병음 | 뜻 |
|---|---|---|
| 契约 | qìyuē | 계약 |
| 订约人 | dìngyuērén | 계약자 |
| 毁约 | huǐyuē | 계약을 파기하다 |
| 续订 | xùdìng | 계약을 갱신하다 |
| 生效 | shēngxiào | 효력이 발생하다 |
| 失效 | shīxiào | 효력을 잃다 |
| 会签 | huìqiān | 공동 서명하다 |
| 拟订 | nǐdìng | 초안을 작성하다 |
| 撕毁 | sīhuǐ | 계약을 일방적으로 파기하다 |
| 担保 | dānbǎo | 보증, 담보 |
| 期满日 | qīmǎnrì | 만기일 |
| 审批 | shěnpī | 심사하여 비준하다 |
| 合同正本 | hétong zhèngběn | 계약서 원본 |
| 合同副本 | hétong fùběn | 계약서 복사본 |
| 征得同意 | zhēngdé tóngyì | 동의를 구하다 |
| 合约价格 | héyuē jiàgé | 계약 가격 |
| 履行合同 | lǚxíng hétong | 계약 이행 |
| 撤消合同 | chèxiāo hétong | 계약 취소 |
| 废除合同 | fèichú hétong | 계약 폐기 |
| 解除合同 | jiěchú hétong | 계약 해제 |
| 违反合同 | wéifǎn hétong | 계약 위반 |
| 签订合同 | qiāndìng hétong | 거래 체결 |
| 书面合同 | shūmiàn hétong | 계약 문서 |
| 长期合同 | chángqī hétong | 장기 계약 |
| 短期合同 | duǎnqī hétong | 단기 계약 |

# 부록

- 정답 및 해석
- 찾아보기

# 정답 및 해석

## 01과 明天就谈订单的事吧。
### 내일 바로 주문에 관해 얘기하죠.

### 맛있는 Biz 회화 |해석|

**상황 1**
李大福 주 사장네는 언제 한국에 도착하나?
金成功 그분들은 5일에 도착하십니다.
李大福 그 사람들이 묵을 호텔은 이미 예약했나?
金成功 주 사장님이 그러시는데 거기서 알아서 예약하셨답니다.
李大福 이번에는 몇 사람이 오는 거지?
金成功 통역까지 모두 네 사람입니다.

**상황 2**
金成功 이 사장님, 내일 사장님도 주 사장님 마중 가실 건가요?
李大福 난 아무래도 못 갈 것 같네, 내일 점심 때 손님이 오신다고 해서 말이지.
金成功 그럼 제가 혼자 나갈게요.
李大福 그러게나. 자네가 먼저 마중 가고, 저녁 때 내가 식사를 대접하겠네.

**상황 3**
李大福 주 사장님, 오랜만이에요. 오시는 길 편안하셨나요?
周丽君 고맙습니다. 괜찮았어요.
李大福 점심 때 손님을 접대하느라, 사장님네 마중을 못 나갔네요. 양해해 주세요.
周丽君 괜찮아요. 다들 사업하는 사람인데, 이해해요.
李大福 고맙습니다. 고맙습니다. 주 사장님, 사장님도 이렇게 한 번 나서기 힘든데, 며칠 더 있다 가시죠.
周丽君 그런 복이나 있으면 좋게요. 이번에는 일본에도 한 번 다니러 가야 해요.
李大福 아이구! 일본으로 주문 받으러 가시는 거예요?
周丽君 아니요, 일본에 있는 한 회사가 우리와 5년이나 거래를 했는데, 제가 이제껏 한 번도 안 가 봤어요.

李大福 그건 주 사장님이 좀 심하셨는데요.
周丽君 그러게 말이에요. 이번에 그쪽에서 제가 한국에 온다는 걸 알고는 꼭 한번 오라고 난리예요.
李大福 일이 그러면, 우리 내일 곧바로 주문에 관한 얘길 하죠.
周丽君 그래요.

### 맛있는 Biz 어법 |정답|

1 해석 이번 모임은 저를 포함해서 모두 30명이에요.
   중작 包括张总的订单，今天一共拿了5个订单。

2 해석 제가 지금 밖에 있어서요. 아마도 회의에 참석하지 못할 것 같아요.
   중작 这么晚了，他恐怕回不来了。

3 해석 이 상품은 할인을 잘 하지 않으니, 이번에 반드시 구입해야 해요.
   중작 难得休息一天，你就好好休息吧。

4 해석 그 친구는 꼭 내가 갔다 와야 한다네요.
   중작 李总非亲自去接客户不可。

### 맛있는 Biz 연습 문제 |정답|

1  ① b   ② b   ③ a   ④ b

**녹음 원문**

[1-2] 男 周总他们什么时候到韩国?
     女 他们五号到。
     男 这次他们几个人来?
     女 包括翻译一共四个人。
   ❶ 周总什么时候到韩国?
   ❷ 这次他们一共几个人来?

[3-4] 男 李总，明天您也去接周总吗?
     女 我去不了了，明天中午有客人要来。

> 男 那我就一个人去吧。
> 女 好的。你先去接他们，晚上我请他们吃饭。
> ❸ 李总可以去接周总吗？
> ❹ 李总打算什么时候请客人吃饭？

**2** ① 没能去接你们，请原谅。
② 这次我们还得去趟日本。

**3** ① 大家都是做生意的
② 那我就一个人去吧。
③ 这你也有点儿过分了。

**4** ① 我们已经预订了首尔宾馆。
② 我们跟他们公司合作了三年了。
③ 我从来没去看过他们。

## 02과 这批货不如上一批货好。
이번 물건은 지난번 것보다 못해요.

### 맛있는 Biz 회화 |해석|

**상황 1**
金成功 주 사장님, 다음번에 들어올 물건은 거의 다 되었죠?
周丽君 거의 다 되어 가요. 다음 주면 예정대로 납품할 수 있어요.
金成功 지금 수량을 좀 늘려도 될지 모르겠네요.
周丽君 되긴 하는데, 얼마나 늘리시려고요?
金成功 만 벌요.
周丽君 만 벌요? 그건 좀 힘들겠는데요, 5천 벌이면 괜찮아요.

**상황 2**
金成功 주 사장님네는 수출용 완제품 말고, 가공도 하시나요?
周丽君 우리는 바이어가 원하면 가공도 해요.
金成功 그럼 저희 쪽에서 견본을 제공하면 되겠군요.
周丽君 네, 그렇게 하시면 됩니다.

**상황 3**
周丽君 이번 물건은 품질이 어때요, 맘에 드시나요?
李大福 이번 물건은 지난번 것보다 못하던데요.
周丽君 구체적으로 무슨 문제가 있는지 말씀해 주세요.
李大福 이번에 들어온 옷 원단이 좀 얇아졌어요. 원단 공장을 바꾸셨어요?
周丽君 막 원단 공장을 바꿨는데요. 이번 공장이 규모도 꽤 크고, 좋은 설비도 갖추고 있거든요.
李大福 그런데 전 지난번 공장의 품질이 더 좋던데요.
周丽君 그래요? 제가 바로 사람을 시켜 조사하도록 할게요. 그럼 이번 물건은 어떻게 처리할까요?
李大福 이번 물건은 막 시장에 풀었으니, 우선 시장의 반응을 보고 나서 다시 얘기하자고요.
周丽君 만약에 반응이 안 좋으면, 저희가 새로 만들어 드릴게요.
李大福 전 주 사장님 성격이 시원시원해서 좋더라고요.
周丽君 사업이란 게, 당연히 신용을 기본으로 해야죠.
李大福 주 사장님 말씀이 옳아요. 저도 주 사장님 생각에 동의해요.

### 맛있는 Biz 어법 |정답|

**1** 해석 여러분 안심하세요, 저희는 반드시 예정대로 생산할 수 있을 겁니다.
중작 这次按时交货没问题。

**2** 해석 작업장에는 완제품 이외에, 반제품도 많이 있어요.
중작 我这儿有除了他做的样品以外，还有周总那儿的样品。

**3** 해석 자네들 생산 계획을 다시 세울 수 있겠나?
중작 这一批货质量很差，得重新做。

**4** 해석 주문서는 폐사에서 확인한 것을 기준으로 하겠습니다.
중작 我们以质量第一为公司宗旨。

# 정답 및 해석

### 맛있는 Biz 연습 문제 |정답|

**1** ① c  ② b  ③ c  ④ a

🎧 녹음 원문

[1-2] 男 周总，下一批做得差不多了吧？
女 差不多了。下星期能按时交货。
男 还有，现在可以增加数量吗？
女 增加五千可以，增加一万有点儿困难。
❶ 下一批什么时候交货？
❷ 现在可以增加多少？

[3-4] 男 这批货质量怎么样，满意吗？
女 这批好像不如上一批好。
男 怎么了？有问题吗？
女 这一批的布料薄了点儿。
❸ 女的觉得这批货的质量怎么样？
❹ 这一批的布料怎么样了？

**2** ① 前一家的质量更好。
② 先看看市场的反应再说吧。

**3** ① 还具有先进设备呢。
② 就喜欢你性格豪爽。
③ 应该以信誉为本。

**4** ① 我们也可以为客户加工。
② 我们给你们提供样本。
③ 这个布料厂规模很大，产品的质量也不错。

## 03과 有朋自远方来，不亦乐乎?

벗이 먼 곳에서 찾아오니, 이 또한 기쁘지 않겠어요?

### 맛있는 Biz 회화 |해석|

**상황 1**
周丽君 김 대리, 여기가 바로 명동인가요? 사람이 참 많네요. 꼭 난징루 같아요.
金成功 두 곳이 비슷해요. 두 곳 모두 유명한 쇼핑가잖아요.
周丽君 저것 좀 봐요, 가게 종업원들이 중국어를 할 줄 아네요.
金成功 기본적인 회화는 다들 할 줄 알아요. 요 몇 년 동안 한국으로 여행 오는 중국인들이 갈수록 많아지고 있어요.
周丽君 내 친구 중에서도 몇몇이 왔었어요. 듣자 하니 어떤 사람들은 한국으로 성형 수술을 하러 온다더라고요.
金成功 맞아요, 정말 그래요.

**상황 2**
李大福 주 사장님, 이건 저희가 여러분께 준비한 선물입니다. 받아 주세요.
周丽君 아이구, 무슨 선물까지 준비를 하셨어요?
李大福 작은 성의예요. 벗이 먼 곳에서 찾아오니, 이 또한 기쁘지 않겠어요?
周丽君 하하! 사장님께서 그리 말씀하시니, 제가 안 받을 수가 없네요.

**상황 3**
李大福 주 사장님, 음식들이 드실 만한가요?
周丽君 네, 맛있어요. 이 요리는 어느 계통에 속하는 요리인가요?
李大福 이 요리는 궁중 요리에 속해요.
周丽君 그럼 만한취안시와 비슷한 것이겠군요.
李大福 대충 그렇겠네요.
周丽君 오늘 저희들을 위해 특별히 이렇게 융숭한 만찬을 대접해 주셔서 너무 감사해요.

李大福 별말씀을요. 이번엔 시간에 너무 쫓겨, 제대로 못 챙겨 드린 부분이 있더라도 모쪼록 양해해 주세요.
周丽君 이 사장님, 별말씀을 다 하시네요. 제가 어디 남인가요?
李大福 그런 뜻이 아닙니다. 제가 어찌 감히. 자, 주 사장님, 한 잔 해요.
周丽君 그러시죠. 사장님 사업 번창하시고, 돈 많이 버세요.
李大福 이하동문입니다. 자, 주 사장님이 영원히 젊음을 유지하기 바라며, 건배!
周丽君 고맙습니다, 이 사장님. 다음 번엔 제가 중국에서 만한취안시를 대접하겠습니다.

## 맛있는 Biz 어법 |정답|

1. 해석 귀사의 제품이 확실히 좋군요.
   중작 我确实没收到您发的传真。
2. 해석 변변찮은 선물입니다, 받아주십시오.
   중작 这是我亲自做的，请笑纳。
3. 해석 우리 회사는 전자 업종에 속합니다.
   중작 这道菜是属于鲁菜，请尝一口。
4. 해석 김 사장님은 저를 친형제 같이 대해 주세요.
   중작 你把我们当一家人吧。

## 맛있는 Biz 연습 문제 |정답|

1. ① c   ② c   ③ b   ④ b

🎧 녹음 원문

[1-2] 男 这里就是明洞啊？人真多，像南京路一样。
女 差不多，两个地方都是著名的商业区。
男 听说，还有些人呢，来韩国做整容手术。
女 对，确实这样。
❶ 明洞和南京路的共同点是什么？
❷ 有些人来韩国做什么？

[3-4] 男 周总，这些菜吃得惯吗？
女 可以，很好吃。
男 来，为了周总美丽长存，干杯！
女 谢谢，李总，下次我在中国请您享用满汉全席。
❸ 今天的菜合不合周总的口味儿？
❹ 周总想请李总吃什么菜？

2. ① 简单的口语他们都会说。
   ② 有朋自远方来，不亦乐乎？
3. ① 这几年来韩国旅游的中国人越来越多。
   ② 我的几个朋友也来过。
   ③ 这是我们给你们准备的礼物。
4. ① 他们专门为我们准备了这么丰盛的晚餐。
   ② 下次你们来中国我请你们享用满汉全席。
   ③ 最近去中国做生意的人越来越多。

## 04과 贵公司发的邮件已经收到了。

귀사에서 보낸 메일은 이미 받았습니다.

### 맛있는 Biz 회화 |해석|

상황 1
金成功 제 이메일 받으셨어요?
周丽君 아니요. 언제 보내셨는데요?
金成功 어제 오후에 보냈는데요.
周丽君 난 또 김 대리가 안 보낸 줄 알았죠.
金成功 제가 어제 보내 드린다고 했잖아요. 사장님 메일 주소를 다시 알려주세요.
周丽君 saletop@163.com이에요.

상황 2
周丽君 김 대리가 보낸 메일은 이미 받았어요.

# 정답 및 해석

金成功 사장님, 저희 측 요구 사항이 뭔지 아셨지요?
周丽君 알았어요. 우리가 김 대리네 회사 지시대로 샘플을 제작하면 되는 거죠?
金成功 맞습니다. 무슨 문제가 있으면 그때그때 저한테 연락 주세요.

**상황3**

金成功 제 메일을 또 못 받으신 거예요?
周丽君 그렇다니까요. 내 메일 주소를 잘못 쓴 것은 아니죠?
金成功 제가 사장님 명함을 보면서 썼어요.
周丽君 그럼 이 메일이 도대체 어디로 간 걸까요?
金成功 사장님 얼른 스팸 메일함에 있는지 없는지 열어 보세요.
周丽君 어머! 김 대리 메일이 왜 여기 들어 있지?
金成功 가끔 그러기도 해요. 메일 내용을 잘 살펴보시고 답장 주세요.
周丽君 그래요. 김 대리가 쓴 주문량이 천 벌 맞나요?
金成功 천 벌이 아니라, 만 벌인데요.
周丽君 내 그런 줄 알았다니까.
金成功 죄송해요, 제가 그건 정말 잘못 썼네요.
周丽君 괜찮아요, 일을 하다 보면 늘 이런 실수를 하게 마련이죠.

## 맛있는 Biz 어법 |정답|

① **해석** 전 바이어의 메일인 줄 알았는데, 스팸 메일이었어요.
   **중작** 我以为你已经收到我的邮件了呢。

② **해석** 귀사는 우리의 요구 사항에 따라 만드시면 됩니다.
   **중작** 贵公司就按照我们的样品做吧。

③ **해석** 이번에 나타난 품질 문제를 바로 처리해 주십시오.
   **중작** 你们对产品有什么意见，请及时告诉我们。

④ **해석** 처음 일하다 보면, 실수를 안 할 수가 없어요.
   **중작** 工作忙，难免有这样那样的错误的。

## 맛있는 Biz 연습 문제 |정답|

**1** ① a ② b ③ c ④ a

🎧 녹음 원문

[1-2] 男 你收到我发的邮件了吗?
    女 没有。你是什么时候发的?
    男 昨天下午发的。你的邮件地址是……
    女 saletop@163.com。
① 男的什么时候发邮件了?
② 女的用的邮箱是?

[3-4] 男 你写的订单数量是一千，对吗?
    女 不是一千，是一万。
    男 明白。我们按照你们的样品生产就可以了吧?
    女 对，就这么做吧。
③ 订单数量是多少?
④ 男的应该按照什么生产?

**2** ① 我看着你的名片写的。
   ② 然后答复我们吧。

**3** ① 跟您说好昨天发嘛。
   ② 有什么问题及时跟我联系。
   ③ 你快去看看垃圾邮箱里有没有。

**4** ① 你再告诉我一下您的邮件地址。
   ② 你给我发的邮件到底去哪儿了?
   ③ 工作上总是难免犯这样的小错误。

## 05과 贵公司的传真号码没有变化吧?
### 귀사의 팩스 번호는 바뀌지 않았지요?

#### 맛있는 Biz 회화 | 해석 |

**상황 1**
金成功 제가 사장님네로 보낸 팩스를 받으셨어요?
周丽君 모두 두 장, 맞아요?
金成功 맞습니다. 그건 저희 쪽 인콰이어리입니다. 되도록 빨리 답변해 주세요.
周丽君 그러죠. 우리도 최대한 빨리 답변하도록 해 볼게요.
金成功 고맙습니다. 좋은 소식 기다리겠습니다.

**상황 2**
周丽君 김 대리, 팩스 보낸다고 하지 않았나요?
金成功 벌써 보냈는데요. 못 받으셨어요?
周丽君 못 받았어요.
金成功 사장님네 팩스 번호는 바뀌지 않았지요?
周丽君 안 바뀌었어요. 아직도 원래 그 번호예요.

**상황 3**
金成功 저희 회사에서 팩스로 보낸 인콰이어리 받으셨나요?
周丽君 막 받았어요. 그런데 약간 불분명한 곳이 있네요.
金成功 어디가 잘 안 보이세요?
周丽君 모델명이 있는 데가 좀 흐릿한데요.
金成功 그러세요? 제가 조금 이따가 다시 보내 드릴게요.
周丽君 아니면 이렇게 해요, 메일로 보내 주세요.
金成功 그래도 괜찮고요. 사장님이 쓰시는 메일이 126인가요?
周丽君 아뇨. 난 지금 163을 쓰고 있어요. 맞다! 메일 보낼 때, 지불 조건도 써 주세요.
金成功 알겠습니다. 주 사장님, 또 뭐 분부하실 게 있으시면 편하게 말씀하세요.
周丽君 없어요.

金成功 주 사장님, 언제 저희들에게 답변을 주실 수 있을까요?
周丽君 내일 오전에 답변 줄게요.

#### 맛있는 Biz 어법 | 정답 |

1. 해석 이 일은 제가 가능한 빨리 해결을 하겠습니다.
   중작 希望贵公司尽快答复我们。
2. 해석 제가 연말에 귀사에 한번 갈 수 있도록 힘써 보겠습니다.
   중작 我们争取提前一个月完成任务。
3. 해석 자네 이미 인콰이어리를 보냈다고 하지 않나?
   중작 这不是张总的名片吗?
4. 해석 장 사장님, 하고 싶은 말씀 있으시면, 편하게 말씀하세요.
   중작 你有什么疑问,尽管问我们吧。

#### 맛있는 Biz 연습 문제 | 정답 |

**1** ① b  ② c  ③ b  ④ a

🎧 녹음 원문

[1-2] 男 你们发的传真,一共两页吧?
女 对。希望你们能尽快答复我们。
男 我们也争取后天答复。
女 谢谢!
❶ 女的发的传真,一共几页?
❷ 男的准备什么时候答复?

[3-4] 男 你不是说给我发传真吗?
女 我已经发过去了。你们的传真号码没有变化吧?
男 没有。还是原来那个。
女 对吧? 那我重新发一次看看。
❸ 男的收到传真了吗?
❹ 男的公司的传真号码有变化吗?

**2** ① 你发邮件给我吧。
② 付款条件也写上去吧。

**3** ① 希望你们能尽快答复我们。

# 정답 및 해석

② 有些部分看得不太清楚。
③ 您用的邮件是126的吗?

**4** ① 这是我们的询价单，请您过目一下。
② 我想确认一下贵公司的传真号码。
③ 您什么时候能够答复我们?

## 06과 后天就把样品寄给你们。
모레 샘플을 부쳐 줄게요.

### 맛있는 Biz 회화 |해석|

**상황 1**
周丽君 김 대리, 우리 샘플 받았어요?
金成功 받긴 받았는데요. 다른 사람의 샘플을 받은 것 같네요.
周丽君 뭐라고요? 똑바로 말해 봐요.
金成功 웨딩드레스를 보내셨어요.
周丽君 네? 그건 일본 바이어 건데. 정말 미안해요. 우리가 잘못 부쳤네요.
金成功 괜찮습니다. 이 웨딩드레스는 제 신부한테 주시는 걸로 할게요.

**상황 2**
金成功 주 사장님, 저희한테 샘플 몇 가지만 더 만들어 주실래요?
周丽君 어떤 모델이 필요한데요?
金成功 CJ2233RD로 3벌, 괜찮으시죠?
周丽君 괜찮아요, 내가 지금 바로 처리할게요.

**상황 3**
金成功 주 사장님, 저희가 요구한 샘플은 다 제작하셨나요?
周丽君 두 모델은 이미 작업을 완료했는데, CJ2233은 아직 다 못 끝냈네요.
金成功 왜 아직도 못하신 건가요? 저희한테는 그 제품이 가장 중요한데요.
周丽君 그건 나도 알아요. 솔직히 말해서, 그 원단은 지금 구하기가 힘들어요.
金成功 원단을 구하기가 힘들다고요? 무슨 말씀이신

지요?
周丽君 이 원단은 겉으로는 다른 원단이랑 같아 보이지만, 염색하기가 아주 골치죠. 그래서 많은 공장에서 제작을 꺼려해요.
金成功 그렇군요. 그럼 이 원단을 대체할 만한 건 없나요?
周丽君 있긴 있지만, 맘에 안 들어 할 수도 있어요.
金成功 그래도 괜찮아요. 한번 찾아봐 주세요.
周丽君 이렇게 하면 어떨까요? 우리가 샘플을 만들면서 계속 원단을 구해 보는 건.
金成功 좋습니다. 그렇게 하죠.
周丽君 그래요. 내가 모레 샘플을 부쳐 줄게요.

### 맛있는 Biz 어법 |정답|

**1** 해석 이 회사 샘플은 좋긴 한데, 가격이 좀 세네요.
중작 这种布料好是好，不过很难找。

**2** 해석 작은 회사한테는, 원가가 중요하죠.
중작 对我们来说，产品的质量比什么都重要。

**3** 해석 품질이 좋은 제품이 반드시 가격이 비싼 것은 아니에요.
중작 这种产品不一定好卖。

**4** 해석 우리 식사하면서, 사업 얘길 하죠.
중작 我们一边生产，一边找原料。

### 맛있는 Biz 연습 문제 |정답|

**1** ① b   ② a   ③ b   ④ c

 녹음 원문

[1-2] 女 我们的样品收到了吗?
男 你们寄来的是新娘婚纱，对吗?
女 啊? 那是日本客户的。我们寄错了。
男 这婚纱呢，就算是送给我新娘的好了。
① 女的寄来的样品是什么?
② 女的寄来的样品是哪国客户的?

[3-4] 男 周总，我们要的样品都做好了吗？
女 两个型号的已经做好了。
男 CJ2233的怎么还没做好呢？
女 说实在的，那种布料现在很难找。
❸ 周总做了几个样品？
❹ 周总为什么没做好CJ2233的样品？

**2** ① 我们寄错了。
② 你们要哪个型号的？

**3** ① 你们寄来的是新娘婚纱。
② 周总，再给我们做几件样品吧。
③ 这种布料从表面上看跟别的布料一样。

**4** ① 有没有能代替这种布料的？
② 这种布料在市场上很难买，所以我们也很着急。
③ 你把这些样品寄给中国客户。

## 07과 两家的样品没什么差别。

두 회사의 샘플은 별 차이가 없어요.

### 맛있는 Biz 회화 | 해석 |

**상황 1**
李大福 이번에 몇 회사에 샘플을 요청했지?
金成功 세 회사에 요청했는데요. 그중에서 두 회사는 유료 제공이고요, 한 회사는 무료 제공이더라고요.
李大福 그래? 샘플들이 대충 언제 도착하나?
金成功 다음 주면 다 도착합니다.
李大福 옌타이 회사 사장이 유학파라던데.
金成功 맞습니다. 그분은 전에 프랑스에서 유학했어요.

**상황 2**
同 事 자네가 보기에는 어느 회사의 샘플이 가장 나아 보이나?
金成功 나는 광저우 것이 괜찮은데. 품질도 괜찮고, 가격도 그만하면 됐고.
同 事 그런데 자세히 보면 저지앙 회사의 바느질이 잘됐어.
金成功 바느질이 잘된 것만 보면 안 되지. 가격이 광저우 것보다 10위엔이나 비싸다고.

**상황 3**
李大福 샘플은 다 도착했나?
金成功 옌타이 것만 아직 안 오고, 다른 두 회사의 것은 모두 도착했습니다.
李大福 그 두 회사의 것은 어떤가?
金成功 두 회사가 별 차이가 없네요. 가격이 광저우가 역시나 싸고요.
李大福 그래? 옌타이 쪽 것은 어떤지 모르겠군.
金成功 옌타이에 있는 회사는 주 사장님이 추천해 주신 것이니, 제품에는 문제가 없겠죠?
李大福 내 생각에도 그래. 주 사장이 그러는데, 그쪽 제품은 말이 필요없다는데.
金成功 그렇지만 관건은 어쨌든 가격이잖아요.
李大福 그렇지. 지금 국내 경기가 안 좋으니, 우린 원가도 신중하게 따져봐야 한다고.
金成功 맞습니다. 내일 샘플이 도착하면 제가 꼼꼼히 비교해 보겠습니다.
李大福 그러게. 이 일은 자네에게 맡기겠네.
金成功 네, 최선을 다하겠습니다.

# 정답 및 해석

### 맛있는 Biz 어법 | 정답 |

① 해석 들자 하니, 부장님이 유학파신데, 미술 전공이래요.
　중작 公司里有几个海归设计师，我看都不错。

② 해석 가격만 신경 쓰지 말아요. 그럼 품질은 어떻게 보장해요?
　중작 光说也没有用，必须有结果才行。

③ 해석 그 친구 말이야, 말할 것도 없어, 업무 능력이 정말 뛰어나지.
　중작 他们公司的产品没的说，这大家都知道。

④ 해석 샘플 제작에 관한 일은 그 친구한테 맡기면, 당연히 문제가 없어요.
　중작 这件事就包在我身上吧。

### 맛있는 Biz 연습 문제 | 정답 |

① ① c　② b　③ b　④ c

🎧 녹음 원문

[1-2]
男 这次要了几家的样品？
女 要了三家的样品。
男 他们的样品大概什么时候到？
女 下星期能到齐。
① 他们要了几家的样品？
② 他们的样品什么时候到？

[3-4]
男 样品都到齐了吗？
女 两家的都到了，烟台的还没到。
男 那两家的质量怎么样？
女 两家没什么差别，就是价格方面还是广州的便宜。
③ 哪儿的样品还没到呢？
④ 哪里的价格便宜？

② ① 她以前在法国留学过。
　② 哪家的样品最好？

③ ① 价格方面也能接受。
　② 仔细看浙江那家的做工好。
　③ 可是关键还是价格嘛。

④ ① 仔细看的话，这家的比那家的做工好多了。
　② 三家的样品都差不多，关键是价格。
　③ 现在国内经济低迷，我们也得慎重考虑成本。

## 08과  这个展会的知名度很高。
이 전시회의 지명도는 높아요.

### 맛있는 Biz 회화 | 해석 |

**상황 1**
金成功 이번 국제 의류전은 언제 시작하나요?
唐丽丽 올 10월예요.
金成功 이번 전시회는 어느 기관에서 주관하는 건가요?
唐丽丽 중국 의류 협회에서 주관하는 것입니다.
金成功 이 전시회는 지명도가 높은가요?
唐丽丽 저희 전시회는 지명도가 높을 뿐 아니라 거래량도 많습니다.

**상황 2**
金成功 기본 부스 비용과 면적을 알려 주실 수 있는지요?
唐丽丽 기본 부스는 3,500달러이고, 면적은 9㎡입니다.
金成功 기본 부스에는 어떤 시설이 포함되나요?
唐丽丽 부스 내에 카펫, 회사 중·영문 상호 간판, 스포트라이트 2개, 간이 탁자 1개, 의자 2개, 콘센트 1개, 휴지통 1개가 제공됩니다.

**상황 3**
金成功 이 전시회의 전시장은 어디인가요?
唐丽丽 상하이 국제 전시 센터(INTEX)입니다.
金成功 그럼 전시회 신청 마감은 언제까지인가요?
唐丽丽 신청 마감일은 8월 30일까지입니다.
金成功 신청 시 예납 비용은 얼마인가요?

唐丽丽 먼저 50%를 지불하신 후에 9월 20일까지 잔금을 내셔야 합니다.
金成功 만약에 미리 신청할 경우 우대 혜택이 있나요?
唐丽丽 당연히 있지요. 귀사가 8월 전에 신청을 하시면 10% 우대를 받으실 수 있습니다.
金成功 이번 전람회에는 어떤 나라들이 참가하나요?
唐丽丽 미국, 프랑스, 일본, 이탈리아 등 스물 몇 개 나라입니다.
金成功 보아하니, 이번 전람회의 규모가 꽤 큰 것 같네요.
唐丽丽 그럼요. 직접 참가해 보시면 더 잘 알게 되실 거예요.

## 맛있는 Biz 어법 |정답|

1. 해석 현대자동차가 주관하는 국제 모터쇼가 베이징에서 열립니다.
   중작 这个展会是哪家公司主办的？
2. 해석 우리 제품은 품질이 좋을 뿐 아니라, 가격도 합리적입니다.
   중작 他们公司不仅规模大，技术水平也很高。
3. 해석 오늘까지, 등록한 회사는 10곳밖에 안 됩니다.
   중작 请大家到6月21号为止，交完费用吧。
4. 해석 그의 말에 의하면, 이 회사가 꽤 괜찮다고 하네요.
   중작 这个公司里外国员工蛮多的。

## 맛있는 Biz 연습 문제 |정답|

**1** ① b  ② a  ③ b  ④ b

🎧 녹음 원문

[1-2] 男 这次国际服装展什么时候开展？
女 今年十月份。
男 这个展会知名度高不高？
女 这个展会不仅知名度很高，成交量也很大。
❶ 这次国际服装展几月份开展？
❷ 这个展会的成交量怎么样？

[3-4] 男 您能告诉我标准展位的费用和面积吗？
女 标准展位3500美元，面积为9个平方米。
男 展会的报名截止日期是什么时候？
女 报名截止日期为8月30号。
❸ 标准展位的面积为几个平方米？
❹ 展会的报名截止日期是什么时候？

**2** ① 这个展会地点在哪儿？
② 如果提早报名有没有优惠？

**3** ① 标准展位包括哪些设施？
② 到9月20号为止交完余款。
③ 可以享受百分之十的优惠。

**4** ① 参加这届展会的国家有21个。
② 您亲自参加会更有体会的。
③ 我打算这次去中国的时候，参观一个车展。

# 정답 및 해석

## 09과 欢迎您光顾我们的展区。
### 저희 전시 부스에 오신 것을 환영합니다.

### 맛있는 Biz 회화 | 해석 |

**상황 1**

金成功: 미스 탕, 귀사의 제품들은 내수용인가요? 수출용인가요?

唐 美: 저희 제품은 대부분 다 수출용입니다.

金成功: 이 제품들은 주로 어디로 수출하나요?

唐 美: 저희 제품들은 주로 유럽과 미주로 수출됩니다.

金成功: 귀사의 연 생산량은 얼마나 되나요?

唐 美: 폐사는 연간 200만 벌을 생산합니다.

**상황 2**

金成功: 미스 탕, 귀사 제품은 샘플을 제공하나요?

唐 美: 저희는 유료로 샘플을 제공하는데, 이 조건을 수락하실 수 있으신지요?

金成功: 네, 저희는 BJ1108BK와 CM3320BL 각각 다섯 벌씩 신청하겠습니다.

唐 美: 샘플 신청서를 작성해 주세요.

**상황 3**

唐 美: 저희 전시 부스에 오신 것을 환영합니다. 저는 오드리어패럴의 탕메이입니다.

金成功: 탕메이 씨, 안녕하세요! 이건 제 명함입니다.

唐 美: 김 선생님은 한국 회사 분이시군요?

金成功: 네, 귀사에서 이번 전시회에 출품한 제품은 귀사의 최신 상품이죠?

唐 美: 그렇습니다. 저희 제품이 이번 전시회에서 인기가 아주 많은데, 김 선생님은 어떻게 보셨는지 모르겠네요.

金成功: 좋습니다. 귀사 제품은 디자인이 참신해서 매력적입니다.

唐 美: 좋게 봐주셔서 감사합니다.

金成功: 탕메이 씨, 괜찮으시다면 제가 직접 귀사를 방문하고 싶은데요.

唐 美: 가능합니다. 대충 언제쯤 가시려고 하는지요?

金成功: 이 전시회가 끝난 후에 갔으면 싶은데요.

唐 美: 그럼 25일 이후가 되겠는데요.

金成功: 괜찮습니다, 제가 26일에 찾아뵙도록 하지요.

### 맛있는 Biz 어법 | 정답 |

1. 해석: 저희 제품은 대부분이 내수 제품입니다.
   중작: 厂里大部分工程师是海归。

2. 해석: 회사 임원분들께서는 직원의 의견을 받아들이시려고 합니다.
   중작: 我们可以接受贵公司的要求。

3. 해석: 면접할 때, 당신이 면접관에게 주는 인상이 아주 중요해요.
   중작: 贵公司给我们留下了很好的印象。

4. 해석: 문제없어요, 우리가 사람을 보내 상황 파악을 하기로 하죠.
   중작: 好说, 好说, 我们明天就提供样品。

### 맛있는 Biz 연습 문제 | 정답 |

**1** ① b   ② b   ③ c   ④ b

 녹음 원문

[1-2] 男: 你们这些产品主要出口到哪儿?
女: 我们的产品主要出口到欧美国家。
男: 你们公司的年产量是多少?
女: 我们年生产两百万件。
① 他们的产品主要出口到哪儿?
② 他们的年产量是多少?

[3-4] 男: 唐小姐, 你们的产品可以提供样品吗?
女: 我们收费提供样品。
男: 我们要BJ1108BK和CM3320BL各五件。
女: 请填一下样品申请单。
③ 女的是怎么提供样品的?
④ 男的要了几件样品?

**2** ① 在这届展会上很受欢迎。
② 直接去你们公司参观参观。

**3** ① 这些产品大部分都是出口的。
② 我们的产品主要出口到欧美国家。
③ 我想展会结束后去看看。

**4** ① 展会期间，我们免费提供样品。
② 欢迎您光顾我们的展区。
③ 这些都是我们公司的最新产品。

## 10과 我们报的是成交价格。
### 저희가 제시한 것은 거래 가격입니다.

### 맛있는 Biz 회화 |해석|

**상황 1**

唐 美 제가 이미 설명서와 견적서를 보내 드렸는데, 받으셨는지 모르겠네요.

金成功 막 받았습니다. 귀사의 오퍼 유효 기간은 며칠이죠?

唐 美 유효 기간은 3일입니다. 귀사에서 되도록 빨리 소식을 주셨으면 좋겠네요.

金成功 좋습니다. 저희가 가능한 한 일찍 소식을 드리겠습니다.

**상황 2**

金成功 어제 귀사가 제시한 견적가가 조금 높은 편이라 저희가 수락하기가 어렵네요.

唐 美 저희가 견적을 쉽게 낼 수 있게, 이번에 주문할 수량을 좀 알려주시겠어요?

金成功 저희는 우선 2만 벌을 주문하려고 합니다.

唐 美 어제 저희가 제시한 가격은 견적가이고, 지금 주문 수량을 말씀해 주셨으니, 가격은 자연히 좀 조정될 것입니다.

金成功 만약 귀사의 가격이 적당하다면, 우리는 바로 주문하겠습니다.

唐 美 좋습니다, 저희가 견적을 다시 뽑겠습니다.

**상황 3**

唐 美 저희 오퍼를 받으셨나요?

金成功 받았습니다. 귀사의 견적가는 참고 가격인가요, 거래 가격인가요?

唐 美 저희가 제시한 것은 거래 가격입니다.

金成功 거래 가격이 이렇게 세다고요?

唐 美 지금 원단 가격이 계속 오르고 있고, 환율도 불안정해서 저희도 어쩔 수가 없어요.

金成功 그렇지만 가격이 이렇게 비싸면 시장 경쟁력이 없어진다는 것도 생각하셔야죠.

唐 美 아이고, 그걸 누가 모르나요. 그래서 말인데 저희도 장사하기 힘들어요.

金成功 어쨌든, 이 가격은 수락할 수가 없네요. 다시 계산해 보세요.

唐 美 귀사에서 원하는 가격이 FOB 가격인가요, 아니면 CIF 가격인가요?

金成功 저희는 CIF 부산 가격을 알고 싶습니다.

唐 美 좋습니다. 귀사의 주문량이 적지 않으니 더 생각해 보겠습니다.

金成功 귀사에서 더욱 합리적인 가격을 제시하길 바랍니다.

### 맛있는 Biz 어법 |정답|

**1** 해석 귀사가 제시한 가격은 저희가 수락하기 어렵네요.
중작 知道贵公司的情况，我们也难以拒绝。

**2** 해석 견적을 쉽게 낼 수 있게, 저한테 주문 수량을 말씀해 주세요.
중작 厂里找几个车间主任，这样便于生产管理。

**3** 해석 과학 기술이 진보함에 따라, 시장에 신제품이 끊임없이 출현하고 있습니다.
중작 我们公司要不断推出高档次的新产品。

**4** 해석 어쨌든 여러분은 저희의 주 거래처이니, 뭐든 편하게 풀어갈 수 있어요.
중작 反正这是成交价格，我们不能再调整。

# 정답 및 해석

## 맛있는 Biz 연습 문제 | 정답 |

**1** ① a  ② b  ③ b  ④ b

🎧 녹음 원문

[1-2] 男 我已经把报价单传给你了。
女 你们的报价有效期是几天?
男 有效期三天，希望你们能够尽快回复。
女 好的。
① 男的给女的发了什么?
② 男的公司的报价有效期是几天?

[3-4] 男 你们报的是参考价格还是成交价格?
女 我们报的是成交价格。
男 成交价格还这么高啊?
女 现在面料价格不断上涨我们也没办法了。
③ 女的公司报的是什么价格?
④ 女的公司报的价格为什么偏高?

**2** ① 我们打算先订购两万件。
② 这个价格我们不能接受

**3** ① 你们报的价格有点儿偏高
② 价格自然会调整一些。
③ 很难有市场竞争力啊。

**4** ① 昨天你们报的价格还是偏高，能不能再调整一下?
② 贵公司的产品价格合理，我们决定马上订货。
③ 希望你们提出一个更加合理的价格。

## 11과 我们两家各让5美元吧。
우리가 각각 5달러씩 양보하죠.

### 맛있는 Biz 회화 | 해석 |

**상황1**
金成功 귀사에서 제시한 가격이 CIF 가격이죠?
唐 美 CIF 가격이 아니라, FOB 가격인데요.
金成功 그럼 우리 양측의 차이가 너무 커서, 저희는 수락할 수 없겠는데요.
唐 美 만약 귀사에서 CIF 가격을 고집하신다면, 저희도 다른 바이어를 찾을 수밖에 없습니다.
金成功 그러셔도 됩니다. 어쨌든 거래는 성사가 안 되더라도 친구로는 남을 수 있으니까요.

**상황2**
唐 美 이번에 귀사와 거래를 할 수 있게 되어 기쁩니다.
金成功 저희도 마찬가지입니다. 우리의 가격 협상이 이리도 순조롭게 진행될 줄 몰랐습니다.
唐 美 그러게요. 성심을 다 하는 것이 저희의 거래 원칙입니다.
金成功 맞습니다. 우리가 거래하는 동안 이 마음을 간직하면 좋겠군요.
唐 美 장기적으로 거래를 할 수 있다면, 저희한테는 가장 영광스런 일이 될 것입니다.

**상황3**
金成功 귀사의 견적가는 벌당 50달러인데요. 저희가 보기에는 가격이 좀 세네요.
唐 美 그럼, 귀사가 제시하는 가격은 얼마인가요?
金成功 저희의 제시 가격은 벌당 40달러입니다.
唐 美 너무 낮아요. 이 가격이라면 원가에도 못 미친다고요.
金成功 미스 탕, 아시다시피 가격 경쟁력이 없으면 저희는 수입할 수 없어요.
唐 美 저희가 최대 3달러를 내려 드리지요. 이 가격이면 되겠습니까?
金成功 여전히 너무 세요. 44달러는 어떠세요?
唐 美 44달러로는 거래하기 힘들어요. 47달러요.

金成功 저희가 1달러를 더 쓸게요. 45달러요! 더 이상은 양보할 수 없습니다.

唐 美 그러지 말고, 1달러만 더 쓰세요.

金成功 안 됩니다. 45달러요! 우리가 각각 5달러씩 양보하면 되는 거 아닌가요? 이번 거래가 일단 성사되면, 뒤에 주문서가 밀려 있다고요.

唐 美 그럼 좋습니다. 벌당 45달러로 결정하죠!

金成功 좋습니다. 이 가격으로 계약합시다.

## 맛있는 Biz 어법 |정답|

① 해석 이건 CIF 가격이 아니라, FOB 가격입니다.
중작 这不是我们的报价，而是贵公司的报价。

② 해석 이 원자재는 그 회사 한 곳에서만 생산하기 때문에, 우리는 어쩔 수 없이 그 회사 것을 사야 해요.
중작 时间太紧张了，我们只好接受他们的价格。

③ 해석 만약에 이렇게 해나간다면, 원가도 회수 못 할 거예요.
중작 今天忙得连吃饭的时间都没有。

④ 해석 두 회사에서 10달러씩 양보하면 되는 거 아닌가요?
중작 我们给贵公司提供样品不就完了吗？

## 맛있는 Biz 연습 문제 |정답|

**1** ① a ② b ③ c ④ b

🎧 녹음 원문

[1-2] 男 这次能够跟贵公司合作，让我很高兴。
女 没想到我们两家价格谈得这么顺利。
男 是啊，诚意是我们的合作基础。
女 希望我们能在合作中继续珍惜这份诚意。

❶ 他们两家公司价格谈得怎么样？
❷ 他们的合作基础是什么？

[3-4] 男 贵公司报的价是每件50美元，这有点儿偏高。
女 那贵公司的出价是多少？
男 我们的出价是每件40美元。
女 太低了。这个价格的话，我们连成本都不够了。
❸ 男方觉得女方报的价格怎么样？
❹ 男方的出价是多少？

**2** ① 贵公司报的是到岸价格吧？
② 这次一旦成交，后面还有很多订单呢。

**3** ① 这样我们两家的差距太大了。
② 如果可以长期合作将是我们最荣幸的事情。
③ 就按这个价格签合同吧。

**4** ① 这次能够跟贵公司合作，让我们很高兴。
② 您也知道如果价格没有竞争力，我们是不会进口的。
③ 买卖不成情义在嘛。

# 정답 및 해석

## 12과 这种产品的起订量是一万件。
이 제품의 최저 주문량은 만 벌입니다.

### 맛있는 Biz 회화 |해석|

**상황 1**
金成功 저희가 5천 벌을 주문해도 될까요?
唐美 죄송합니다만, 이 제품의 최저 주문량은 만 벌입니다.
金成功 저희가 처음으로 귀사와 거래하는 거라서, 이번에는 조금 적게 주문을 하고, 다음 번부터는 수량을 점차 늘리려고 하는데, 어떠신지요?
唐美 이건 저희 회사의 원칙이라서, 그게 좀 곤란해요.

**상황 2**
唐美 이 스키니 진을 얼마나 주문하시려고요?
金成功 2만 벌을 주문하려고 합니다.
唐美 죄송한데요, 이 제품은 지금 물건이 부족해서 만 벌밖에 못 드리겠는데요.
金成功 5천 벌만 더 주실 수 없을까요?
唐美 그건 아무래도 힘들 것 같네요. 지금 공장에 있는 물건이 다 출고를 기다리는 것들이라서요.
金成功 그럼 이번에는 이것만 주문하죠.

**상황 3**
金成功 미스 탕, 상의 드릴 게 좀 있는데, 괜찮으실지 모르겠네요.
唐美 하실 말씀 있으시면, 얼마든지 말씀하세요.
金成功 방금 전에 회사 대표님께서 전화 하셨는데, 지금 국내 상황에 변화가 생겼으니, 실크 블라우스 주문 건을 취소하라고 하시네요.
唐美 그러세요? 아직 생산에 들어가지 않았으니 괜찮아요.
金成功 죄송해요. 괜히 좋았다 말게 돼서요.
唐美 괜찮아요. 중국 속담에 '계획은 변화를 따라가지 못한다'라는 말이 있잖아요.
金成功 정말 그렇게 됐네요. 어제 주문했던 게 오늘 바로 물거품이 되어 버렸으니까요.
唐美 거래할 때 무슨 일인들 안 생기겠어요. 그런데 청바지 주문 건도 위험한 거 아닌가요?
金成功 너무 겁먹지 마세요, 그건 문제없어요.
唐美 그럼 생산에 들어갑니다.
金成功 그러세요. 오늘의 품질이 곧 내일의 시장이다!
唐美 어머! 김 대리님이 그 말도 아시네요.

### 맛있는 Biz 어법 |정답|

1. |해석| 날씨가 점점 더워지면 제품 품질에 영향을 끼칠 거예요.
   |중작| 我们公司在同行里的知名度逐渐提高。

2. |해석| 제가 보기엔 이 일이 힘들 것 같으니, 당신 그만 포기하세요.
   |중작| 够呛！我看，李总不会同意的。

3. |해석| 이번에 또 헛수고했어요. 회사가 또 손해를 많이 봤다고요.
   |중작| 今天我白忙了一天，还被部长骂了一顿。

4. |해석| 보아하니, 다량 주문을 따려던 계획이 물거품 될 것 같아요.
   |중작| 我们公司今年参加展会的计划泡汤了。

### 맛있는 Biz 연습 문제 |정답|

**1** ① b  ② a  ③ c  ④ a

🎧 녹음 원문

[1-2] 男 我们可以订五千件吗？
女 对不起，这种产品的起订量是一万件。
男 我们是第一次跟你们合作，这一批少订一点，行不行？
女 这恐怕够呛。

❶ 这种产品的起订量是多少?
❷ 男的想订多少件?

[3-4] 男 这种紧身牛仔裤，我们想订两万条。
女 这种产品现在供不应求，我们只能提供一万条。
男 能不能再加五千条?
女 现在厂里的货都在等着出厂。
❸ 男的想订多少?
❹ 女的能提供多少?

**2** ① 有什么话，尽管说。
② 计划不如变化快

**3** ① 让你白高兴了一场。
② 买卖战场上什么事都会发生。
③ 今天的质量，是明天的市场!

**4** ① 男式牛仔裤的起订量是一万条。
② 下一批开始数量逐渐增大，你看怎么样?
③ 前天下的订单已经安排生产了。

## 13과 下一批可以按时交货吧?
다음 물량은 예정대로 납품하실 수 있죠?

### 맛있는 Biz 회화 |해석|

**상황 1**
金成功 저희가 지금 주문하면, 사장님네는 언제 납품이 가능하세요?
周丽君 3월에는 괜찮겠는데요.
金成功 한 달만 당기실 수 없나요?
周丽君 그럼 2월이라는 건데, 그건 어느 정도 어려움이 있을 것 같은데요.
金成功 저희 생각도 좀 해 주시면 안 될까요, 이 물건은 2월 말에 반드시 시장에 내놓아야 하거든요.
周丽君 꼭 그렇게 해야 한다면, 물건을 나눠 보내는 수밖에 없겠는데요.

**상황 2**
金成功 다음 물량은 예정대로 납품하실 수 있지요?
周丽君 문제없어요.
金成功 사장님네의 협조와 아낌없는 지원에 감사드립니다. 계속해서 지금처럼 도와주시기 바랍니다.
周丽君 김 대리네는 우리 회사와 몇 년째 거래하고 있는 단골 바이어인데, 우리가 김 대리네 회사 생각을 많이 해야지요.

**상황 3**
金成功 지금 주문하면 사장님네는 8월 초에 납품이 가능할까요?
周丽君 그건 좀 힘들어요. 지금 공장에 생산 스케줄이 꽉 찬 상태라.
金成功 그럼 언제 납품하실 수 있으신데요?
周丽君 9월 중순이나 돼야 할 것 같은데요.
金成功 그럼 너무 늦어요. 이 셔츠는 계절을 타는 것이라, 만약에 제때 시장에 출시하지 않으면, 적체될 가능성이 있거든요.
周丽君 김 대리네가 아무리 급하다고 한들 우리도 물건을 준비해야 하잖아요.
金成功 그건 저도 아는데요, 이번에는 특수한 상황이잖아요. 좀 봐 주세요.
周丽君 그럼 우리도 최대한 납기일을 8월 말로 당겨 볼게요. 이렇게 하면 되겠죠?
金成功 조금 더 못 당기시나요?
周丽君 네. 여기까지가 우리가 해 줄 수 있는 가장 이른 납기 일자예요.
金成功 8월 말에 전체 물량을 납품할 수 있으신가요?
周丽君 8월 말에 전체 물량을 출하할게요.

# 정답 및 해석

### 맛있는 Biz 어법 |정답|

① 해석 저희는 한 달 앞당겨 납품할 수 있습니다.
　중작 我提前一个小时能到贵公司。

② 해석 하시고 싶은 대로 하세요. 그렇게 하셔도 괜찮습니다.
　중작 这不成问题，我们可以重新安排生产。

③ 해석 귀하의 저희 점포에 대한 한결같은 관심에 대단히 감사드립니다.
　중작 谢谢大家一如既往的关心和支持！

④ 해석 제가 약속해도 소용없어요. 윗선에서 아직 아무 말씀 없으세요.
　중작 这是我们能够答应的条件。

### 맛있는 Biz 연습 문제 |정답|

**1** ① b  ② a  ③ a  ④ a

🎧 녹음 원문

[1-2] 男 你们什么时候可以交货？
　　　女 3月份应该可以。
　　　男 你们能不能提前一个月？
　　　女 你非要这么做，我们只能分批发货了。
　① 女的什么时候可以交货？
　② 男的要求女的提前几个月交货？

[3-4] 男 现在订货你们能不能8月初交货？
　　　女 这有点儿困难。9月中旬差不多了。
　　　男 这样太晚了。
　　　女 那我们尽量把交货期提前到8月底吧。
　③ 男的要求女的什么时候交货？
　④ 女的把交货期提前到什么时候？

**2** ① 可以按时交货吧？
　　② 可是这次是特殊情况嘛

**3** ① 这货2月底我们必须投放市场。
　　② 应该多为你们着想。
　　③ 如果不能及时投放市场

**4** ① 这批货3月初要投放市场。
　　② 贵公司是我们的老客户，我们得为你们着想。
　　③ 这是我们能够答应的最早交货期。

## 14과 你们开立信用证了吗？
### 신용장은 개설하셨나요?

### 맛있는 Biz 회화 |해석|

**상황 1**
金成功  귀사는 어떤 지불 방식을 채택하고 있나요?
唐　美  취소 불능 신용장을 채택하고 있습니다.
金成功  T/T 방식으로는 결제하지 않습니까?
唐　美  단골 바이어가 아닌 이상, 이 방식은 쓰지 않습니다.
金成功  그렇다면 저희가 언제 신용장을 개설해야 하나요?
唐　美  선적 30일 전입니다.

**상황 2**
唐　美  신용장은 개설하셨나요?
金成功  저희는 이미 중국 공상은행에서 신용장을 열었습니다.
唐　美  신용장의 유효 기간은 선적 후 15일이죠?
金成功  네, 신용장은 선적 후 15일 이내에 유효합니다.

**상황 3**
金成功  귀사에서는 어떤 지불 방식을 채택하고 있나요?
唐　美  저희는 신용장 지불 방식을 사용하고 있습니다.
金成功  귀사에서는 D/P나 D/A도 받고 있나요?
唐　美  죄송합니다만, 저희는 그 지불 조건은 받지 않습니다.
金成功  그럼 귀사에서 말하는 신용장은 취소 불능이죠?
唐　美  네. 이 신용장은 당연히 취소 불능이고, 양도 가능하고, 지불 보증이 되는 것이죠.

金成功 그렇군요. 알겠습니다. 귀사는 언제 납품할 예정이신가요?

唐　美 5월 초입니다. 이렇게 볼 때 귀사에서는 4월 초에 신용장을 열어 주셔야 합니다.

金成功 지금이 벌써 3월 말인데, 조금 변통해 주시면 안 될까요?

唐　美 그래도 4월 15일 전에는 반드시 처리해 주셔야 합니다. 안 그러면 납품 일자에 영향을 미칠 수 있습니다.

金成功 좋습니다. 저희도 4월 15일을 넘기지는 않을 겁니다.

唐　美 잘됐군요. 우리의 거래가 기분 좋게 진행되면 좋겠습니다.

## 맛있는 Biz 어법 |정답|

① 해석 우리가 새로운 공정을 채택한 후에 생산 효율이 몇 배나 향상되었습니다.
중작 我们公司采用了电汇支付方式。

② 해석 오차 범위 내의 불량품은 저희가 인정할 수 있습니다.
중작 这份合同在6个月内有效。

③ 해석 중소기업은 국내 경제의 영향을 받을 거예요.
중작 汇率变动会影响到进口。

④ 해석 이 제품의 각 지표는 WHO의 규정 기준을 초과했어요.
중작 今年夏季的产量超过了去年同期产量。

## 맛있는 Biz 연습 문제 |정답|

**1** ① c　② b　③ c　④ b

🎧 녹음 원문

[1-2] 男 你们采用什么支付方式？
女 我们采用不可撤消的信用证。
男 这样我们应该什么时候开立信用证？
女 在装运前30天。

❶ 女的采用什么支付方式？
❷ 男的应该什么时候开立信用证？

[3-4] 男 你们开立信用证了吗？
女 我们已经在中国工商银行开立了信用证。
男 信用证有效期为装船后15天吧？
女 对，对！

❸ 女的在哪儿开立了信用证？
❹ 信用证有效期为装船后几天？

**2** ① 我们接受信用证支付方式。
② 你们能不能通融一下？

**3** ① 否则我们不采用这种方式。
② 信用证应该在装船后15天内有效。
③ 这样贵公司应该4月初开立信用证。

**4** ① 在装运前30天你们得去银行开立信用证。
② 第一次跟贵公司合作，我们只能接受信用证支付方式。
③ 我们不会超过4月15号的。

# 정답 및 해석

## 15과 这次最好采用悬挂式包装。

이번에는 옷걸이에 걸어 포장하는 게 좋겠습니다.

### 맛있는 Biz 회화 | 해석 |

**상황 1**

金成功 사장님네는 겉포장을 어떻게 하실 생각이세요?
周丽君 우리는 판지 박스로 포장할 생각이에요.
金成功 골판지를 말씀하시는 거죠? 이 박스가 튼튼하죠.
周丽君 김 대리 말이 맞아요. 아웃 박스 포장할 때 테이프로 마감할 거예요.
金成功 그런 다음 컨테이너에 넣는 거죠. 이렇게 하면 무슨 문제가 안 생기겠죠?
周丽君 상식적으로는 이렇게 하면 어떠한 문제도 생길 수 없죠.

**상황 2**

周丽君 아웃 박스 시안은 어때요? 맘에 들었나요?
金成功 이번에 디자인이 아주 창의적이더라고요. 다들 맘에 들어 해요.
周丽君 그래요? 아웃 박스 화인은 언제 저희에게 줄 건가요?
金成功 그것도 가능한 한 빨리 처리할게요. 오래 기다리시게 안 할 겁니다.

**상황 3**

周丽君 김 대리네 회사에서는 포장에 대해 뭐 요구하시는 거라도 있나요?
金成功 저희는 이번에 사장님네가 옷걸이에 걸어서 포장해 주셨으면 해요.
周丽君 그럼 옷걸이하고 비닐 커버는 김 대리네가 제공하나요?
金成功 아이고, 주 사장님, 사업도 크게 하시는 분이 조금 쓰시지요.
周丽君 김 대리네는 뭐든 다 나한테만 양보하라고 하니, 내가 죽을 지경이라고요.

金成功 주 사장님, 사장님도 아시다시피 이렇게 하면 구겨지지 않잖아요.
周丽君 그걸 누가 모르나요? 됐어요. 김 대리가 이왕 말을 꺼냈으니, 내가 해 주리다.
金成功 고맙습니다. 주 사장님. 사장님이 최고예요.
周丽君 됐네요. 김 대리, 아웃 박스에 어떤 지시 사항과 경고문을 쓰죠?
金成功 '절대로 뒤집히지 않도록 하시오', '방습 주의', '방화 주의'라고 쓰면 될 것 같아요.
周丽君 또 아웃 박스 디자인 쪽에 변동이 생기면 되도록 빨리 우리한테 연락해 줘요. 우리가 제때 공장에 알려 줄게요.
金成功 네. 그 부분은 안심하셔도 돼요.

### 맛있는 Biz 어법 | 정답 |

1 해석 일반적으로, 선적 전에 먼저 신용장을 개설합니다.
중작 一般来说，这么包装应该没什么问题。

2 해석 만약 어떠한 문제라도 생긴다면, 판매자가 책임을 집니다.
중작 我们的产品没出现过任何问题。

3 해석 원자재 값이 계속 올라서, 제조 업자가 죽을 지경이죠.
중작 贵公司的要求太多，我们快吃不消了。

4 해석 됐어, 내가 보니까 자네 말을 참 그럴듯하게 하는군.
중작 去你的，我不跟你说了。

### 맛있는 Biz 연습 문제 | 정답 |

1 ① c  ② b  ③ b  ④ a

🎧 녹음 원문

[1-2] 男 你们打算怎么打外包装呢？
女 我们要用硬纸板箱包装。
男 这种比较结实。
女 在打外包装的时候用胶带封口。

❶ 女的用什么包装?
❷ 打外包装的时候他们用什么封口?

[3-4] 男 外箱效果图你看得怎么样?
女 我们都很满意。
男 外箱唛头什么时候提供给我们?
女 这个我们4号提供给你们吧。
❸ 女的对外箱效果图满意吗?
❹ 女的什么时候提供外箱唛头?

**2** ① 不会出现什么问题吧?
② 对包装有没有什么要求?

**3** ① 这次设计得非常有创意。
② 不会让您久等的。
③ 你们最好采用悬挂式包装。

**4** ① 你们设计的外箱非常有创意,我们都很满意。
② 我答应你们这次一定采用悬挂式包装。
③ 您也知道这么做免得折叠嘛。

### 16과 这批货从上海港装船。
이번 화물은 상하이항에서 선적합니다.

#### 맛있는 Biz 회화 |해석|

상황1
唐 美 이번에 물량이 많아서, 분할 선적을 했으면 하는데요.
金成功 귀사에서는 몇 번으로 나눠 선적하려고 하시나요?
唐 美 두 번으로 나누려 합니다. 첫 화물은 9월 중순에, 두 번째 화물은 10월 초에 선적하려고요.
金成功 귀사에서 기한 내에 선적해 주셨으면 좋겠습니다.
唐 美 불가항력적인 사고만 생기지 않으면, 문제될 게 없습니다.

金成功 그럼 좋습니다, 그렇게 하기로 하죠.

상황2
金成功 이번 화물은 상하이항에서 선적하나요?
唐 美 지금 상하이항은 화물 스페이스를 예약할 수 없어서, 닝보항에서 선적합니다.
金成功 그렇게 하면 언제 부산항에 도착하나요?
唐 美 20일 오후에 부산항에 도착할 겁니다.

상황3
金成功 이제는 우리가 선적 문제에 대해 이야기를 해야 할 것 같은데요.
唐 美 맞아요. 선적 문제에 대해 아직 확실하게 얘길 끝내지 않았네요.
金成功 이번에 화물 스페이스 예약은 귀사에서 맡으시는 거죠?
唐 美 네. 저희 쪽에서 화물 스페이스도 예약하고 화물 운송에 대한 모든 비용을 부담합니다.
金成功 귀사에서는 직접 화물 스페이스를 예약하시나요, 아니면 포워딩 업체한테 의뢰하시나요?
唐 美 저희는 포워딩 업체에 의뢰합니다.
金成功 제가 뭐 하나만 여쭙고 싶은데요, 귀사와 거래하는 포워딩 업체는 믿을 만한가요?
唐 美 당연하죠, 저희가 몇 년째 그 회사와 거래하고 있는데, 한 번도 불미스러운 일이 일어나지 않았어요.
金成功 그래요? 그럼 안심해도 되겠군요.
唐 美 귀사에서는 아무 걱정 안 하셔도 됩니다. 저희 쪽에서 처리를 잘할 겁니다.
金成功 알겠습니다. 그럼 선적 후에 통관 수속하기 편하도록 선하 증권, 인보이스, 패킹 리스트 사본을 팩스로 보내 주세요.
唐 美 그럴게요.

#### 맛있는 Biz 어법 |정답|

❶ 해석 저희는 23일에 도착항에 닿을 것으로 봅니다.
중작 我们预计这个月底可以装船。

❷ 해석 다음은 제가 폐사의 경영 상황에 대해 소개

# 정답 및 해석

해 올리겠습니다.
중작 下面我们该说货运公司的事了。

❸ 해석 공장 검사에 관한 일은 판매자가 책임을 집니다.
중작 外箱设计由我们来决定。

❹ 해석 예정대로 선적할 수 있도록, 그쪽에서는 바로 신용장을 개설해 주세요.
중작 希望贵公司按时装船，以便我们及时投放市场。

## 맛있는 Biz 연습 문제 | 정답 |

**1** ① b ② b ③ c ④ b

🎧 녹음 원문

〔1-2〕 男 这批货量大我们想分批装运。
女 贵公司打算分几批装运？
男 分两批。第一批在9月中旬，第二批在10月初。
女 希望贵公司按期装运。
❶ 他们要分几批装运？
❷ 第二批货什么时候装运？

〔3-4〕 男 这批货从上海港装船吗？
女 现在上海港无法订舱位，我们只能从宁波港装船。
男 这样您预计什么时候到达釜山港？
女 预计20号下午到达釜山港。
❸ 这批货从哪个港装船？
❹ 这批货什么时候到达釜山港？

**2** ① 我们该说装船问题了。
② 什么都不用担心。

**3** ① 除非发生不可避免的意外
② 我们是委托货运公司订的。
③ 这样我们也就放下心了。

**4** ① 我们负责订舱位并负担货物的一切运输费用。
② 听说，这家货运公司很可靠，我们

就委托他们吧。
③ 你快把商业发票副本发传真给我们。

## 17과 明天我们就签合同吧。
내일 바로 계약합시다.

### 맛있는 Biz 회화 | 해석 |

**상황 1**
金成功 귀사에서는 언제 계약서 초안이 나오나요?
唐 美 오늘 오후면 나옵니다.
金成功 그럼 먼저 저희 쪽으로 이메일을 보내 주시면 어떨까요?
唐 美 그렇게 하죠. 그쪽에서는 상품명, 규격, 납기일, 지불 방식 등 중요한 사항을 자세히 보신 후에 만약 무슨 문제가 있으면 바로 지적해 주세요.
金成功 알겠습니다.

**상황 2**
唐 美 이건 저희가 만든 계약서입니다. 모든 조항을 자세히 훑어보시지요.
金成功 알겠습니다.
唐 美 계약서상에 의견이 불일치하는 곳이 있나요?
金成功 제가 보기엔 별 문제가 없어 보이네요.
唐 美 그럼 계약하면 되겠군요?
金成功 그러죠. 내일 바로 계약하죠.

**상황 3**
唐 美 김 대리님, 계약서 초안입니다. 계약 조항 내용을 자세히 보신 후에, 수정하거나 보충할 내용이 있으면 말씀해 주세요.
金成功 미스 탕, 선적 기한은 8월 중순이 되어야 할 것 같은데요, 맞죠?
唐 美 맞습니다, 8월 중순입니다. 김 대리님, 지불 방식에 대해서 말씀하실 게 있나요?
金成功 없습니다.
唐 美 다른 조항에 대해서 뭐 문제될 만한 게 있나요?
金成功 배상 조항에 '만약에 배상 문제가 생길 경우,

이로 인해 생긴 모든 비용은 매도인이 부담한다는 한 마디를 덧붙이면 좋겠어요. 어떠세요?
唐 美 좋습니다. 그렇게 하시지요.
金成功 제가 보기에 다른 조항에는 문제가 없는 것 같군요.
唐 美 그럼 좋습니다. 이제 계약서상의 모든 문제가 해결되었으니 계약서를 써도 되겠는데요.
金成功 좋습니다, 언제 쓰실까요?
唐 美 이렇게 하죠. 저희 쪽에서 우선 방금 전에 우리가 이야기했던 내용을 수정할 테니, 김대리님은 내일 오전에 와서 서명을 하시면 어떨까요?
金成功 좋습니다. 그럼 오늘은 이만 물러가고, 내일 다시 오지요.

## 맛있는 Biz 어법 |정답|

① 해석 계약서 조항에 무슨 문제가 있으면, 지적해 주세요.
중작 贵公司指出的问题，我们马上修改。

② 해석 회사에 산적해 있는 모든 문제가 다 해결되었어요.
중작 我们把所有的资金都投入在新产品上了。

③ 해석 이 문제에 대해, 우리는 진지하게 토론할 겁니다.
중작 对于支付方式，双方已经同意了。

④ 해석 죄송해요, 실례할게요, 잠시 후에 다시 돌아오겠습니다.
중작 外国客户快到了，我先失陪了。

## 맛있는 Biz 연습 문제 |정답|

**1** ① b  ② b  ③ a  ④ b

🎧 녹음 원문

[1-2] 男 你们什么时候做出合同草案？
女 今天下午就可以做出来了。
男 那先用邮件发给我们看一下，好吗？
女 好的。
❶ 女的什么时候可以做出合同草案来？
❷ 女的用什么方式发合同草案？

[3-4] 男 你看合同上有没有意见不一致的地方？
女 我觉得没什么问题。
男 那我们可以签合同了？
女 可以。明天我们就签合同吧。
❸ 双方都同意合同的内容了吗？
❹ 双方什么时候签合同？

**2** ① 仔细看看条款内容
② 其他条款没什么问题。

**3** ① 装船期限应该为8月中旬。
② 现在合同上的所有问题都解决了。
③ 说我们什么时候签字？

**4** ① 如果有什么问题请及时指出。
② 您对其他条款有什么意见，请尽管说。
③ 等李总回来咱们就签合同吧。

# 정답 및 해석

## 18과  贵公司必须得赔偿。
### 귀사에서 반드시 손해 배상을 하셔야 합니다.

### 맛있는 Biz 회화 | 해석 |

**상황 1**

金成功 주 사장님, 제가 사장님과 포장 건에 대해 얘기 좀 하려고 하는데요.
周丽君 왜 그래요, 김 대리?
金成功 옷걸이에 걸어서 포장해 주시기로 하셨잖아요?
周丽君 그랬지요, 무슨 일 생겼어요?
金成功 그런데 그게 옷걸이 불량으로, 옷에 다 주름이 갔어요.
周丽君 그래요? 우선 진정하시고, 내가 틀림없이 잘 처리해 줄게요.

**상황 2**

金成功 이번에 사장님네가 납기일을 어기는 바람에 생긴 손해가 만 불이네요.
周丽君 정말 미안하게 됐어요. 그런데 우리한테도 고충이 있었어요.
金成功 어쨌든 간에, 사장님네가 배상해 주셔야겠어요.
周丽君 그래요. 일이 우리 때문에 생겼으니 우리가 꼭 책임을 져야죠.

**상황 3**

周丽君 김 대리, 날 급하게 찾았다던데, 무슨 일 생겼어요?
金成功 주 사장님, 이번에는 일이 크게 터졌어요. 이번에 온 제품은 시장에 내놓을 수가 없어요.
周丽君 도대체 무슨 일이에요? 빨리 말해 봐요.
金成功 주 사장님, 절대로 놀라지 마세요. 이번 물량의 거의 반이 불량품이에요.
周丽君 뭐라고요? 거의 반이 불량품이라고요? 그럴 리가요?
金成功 그게 말이죠. 지난주에 물건이 도착하자마자 저희가 바로 물건을 시장에 내놓았죠. 처음에는 반응이 너무 좋았는데, 이튿날부터 거래처들이 하나씩 하나씩 다들 반품해 달라는 거예요. 조사해 보니, 이번 제품들이 프린트 불량, 사이즈 불량이 아주 심각해요.
周丽君 그래요? 너무 미안하게 됐어요. 급작스럽게 김 대리네 회사에 막대한 손해를 입히게 되다니요. 일이 이렇게 된 이상, 김 대리네는 바로 반품 수속을 해 주세요. 운송비를 포함한 모든 비용은 우리 쪽에서 부담할게요. 그와 별도로, 이쪽에서는 생산 스케줄을 다시 잡아, 가장 빠른 시간 내에 김 대리네 물량을 채워 줄게요.
金成功 주 사장님, 그렇게 하시면 사장님네 손해도 크겠어요.
周丽君 내 좌우명이 바로 '안 하면 안 했지, 하려고 마음 먹었으면 반드시 제대로 해라'예요.
金成功 과연 큰일을 하시는 분이라, 작은 돈에 연연하지 않으시는군요. 멋지십니다.

### 맛있는 Biz 어법 | 정답 |

① [해석] 이번 물량은 품질 문제가 생겨 회사에 손해를 끼쳤어요.
   [중작] 这批货因为不良品多，而被退货了。

② [해석] 어쨌든 간에, 제가 여러분께 약속한 일은 되도록 빨리 처리하겠습니다.
   [중작] 不管怎么样，我们马上补齐贵公司的货。

③ [해석] 모두의 노력에 힘입어, 우리는 마침내 좋은 제품을 생산하게 되었어요.
   [중작] 经过调查发现，包装方面出现严重的问题。

④ [해석] 그 밖에, 훨씬 중요한 일을 당신과 상의하려고 해요.
   [중작] 另外，办理退货手续的费用由我们来负责。

## 맛있는 Biz 연습 문제 |정답|

**1** ① b  ② b  ③ a  ④ c

🎧 녹음 원문

[1-2] 男 周总，不是说好的用悬挂式包装吗？
女 对呀，怎么了？
男 可是用的衣架不合格，衣服都皱了。
女 你先别急，我肯定给你们处理好。
① 这次采用了什么包装方式？
② 衣服上出现了什么问题？

[3-4] 男 周总，这批货没法投放市场了。
女 到底怎么了？
男 这批货将近一半都是不良品。
女 是吗？那你们马上去办理退货手续吧。
③ 这批货出现什么问题了？
④ 女的让男的办理什么手续？

**2** ① 我们一定承担责任。
② 在最短的时间内补齐贵公司的货。

**3** ① 肯定给你们处理好。
② 给贵公司造成了莫大的损失。
③ 包括运费一切费用都由我们承担。

**4** ① 周总，您千万别吓着。
② 这批货大部分是不良品，我们没法投放市场。
③ 客户对贵公司产品的反应特别好。

# 찾아보기

## A

| 按 àn | 젠 ~에 따라 | 124 |
| 按期 ànqī | 부 기간 내에, 기한 내에 | 172, 178 |
| 按时 ànshí | 부 제때에, 시간 맞추어 | 26 |
| 按照 ànzhào | 전 ~에 따라서 | 48 |

## B

| 白 bái | 부 괜히, 헛되이 | 136 |
| 百年名企 bǎinián míngqǐ | 상징적인 의미로 장수하는 기업을 뜻함 | 31 |
| 拜访 bàifǎng | 동 삼가 방문하다, 예방하다 | 102 |
| 办理……手续 bànlǐ……shǒuxù | 수속을 하다 | 178 |
| 办妥 bàntuǒ | 동 적절하게 처리하다 | 119 |
| 半成品 bànchéngpǐn | 명 반제품 | 30 |
| 包括 bāokuò | 동 포함하다, 포괄하다 | 16 |
| 包在……身上 bāozài……shēnshang | ~에게 맡기다 | 80 |
| 薄 báo | 형 얇다 | 26 |
| 保兑 bǎoduì | 동 지불 보증하다 | 156 |
| 报价 bàojià | 명 오퍼, 견적 동 오퍼를 내다 | 114 |
| 备货 bèihuò | 동 상품을 준비하다 | 146 |
| 彼此彼此 bǐcǐ bǐcǐ | 피차일반이다 | 36 |
| 变动 biàndòng | 동 변동하다, 변경하다 | 168 |
| 便于 biànyú | 동 ~하기 쉽다 | 114 |
| 标准展位 biāozhǔn zhǎnwèi | 명 기본 부스 | 92 |
| 表面上 biǎomiàn shang | 외관상, 겉으로는 | 70 |
| 并 bìng | 접 그리고, 게다가 | 178 |
| 薄礼 bólǐ | 명 변변찮은 선물 | 40 |
| 补 bǔ | 동 보충하다, 채우다 | 200 |
| 补充 bǔchōng | 동 보충하다 | 190 |
| 不成问题 bù chéng wèntí | 문제가 되지 않다 | 146 |
| 不得 bùdé | 동 ~할 수 없다, ~해서는 안 된다 | 161 |
| 不断 búduàn | 부 부단히, 끊임없이 | 114 |
| 不管 bùguǎn | 접 ~을 막론하고, ~와 관계없이 | 200 |
| 不仅……也…… bùjǐn……yě…… | ~뿐만 아니라 ~도 | 92 |
| 不就完了吗? bú jiù wán le ma? | ~인 것 아닌가?, ~한 것 아닌가? | 124 |
| 不可避免 bùkě bìmiǎn | 피할 수 없다 | 178 |
| 不可撤消 bùkě chèxiāo | 취소 불가 | 156 |
| 不良 bùliáng | 명 불량 형 불량이다 | 200 |
| 不是……而是…… bú shì……érshì…… | ~가 아니라 ~이다 | 124 |
| 不是……吗? bú shì……ma? | ~이 아닌가요? | 58 |
| 不是……，是…… bú shì……, shì…… | ~가 아니라 ~이다 | 48 |
| 不一定 bùyídìng | 반드시 ~한 것은 아니다 | 70 |
| 不做则已，要做就必须做好 bú zuò zé yǐ, yào zuò jiù bìxū zuòhǎo | 안 하면 안 했지, 하면 반드시 제대로 해야 한다 | 200 |
| 布料 bùliào | 명 원단, 감 | 26 |
| 布料厂 bùliàochǎng | 명 원단 공장 | 26 |
| 部分 bùfen | 명 부분 | 58 |

## C

| 采购 cǎigòu | 동 구매하다 | 85 |
| 采用……方式 cǎiyòng……fāngshì | 어떤 방식을 채택하다 | 156 |
| 参观 cānguān | 동 견학하다, 시찰하다 | 102 |
| 参考价格 cānkǎo jiàgé | 명 참고 가격 | 114 |
| 参展 cānzhǎn | 동 전시회에 참가하다, 출품하다 | 102 |
| 舱位 cāngwèi | 명 화물 스페이스, 좌석 | 178 |
| 草案 cǎo'àn | 명 초안 | 190 |

| 差别 chābié | 몡 차이, 차별, 격차 | 80 |
| 差距 chājù | 몡 차이, 갭 | 124 |
| 插座 chāzuò | 몡 콘센트 | 92 |
| 长期 chángqī | 몡 장기간, 장시간 | 124 |
| 常理 chánglǐ | 몡 상식적인 도리, 이치 | 172 |
| 厂方 chǎngfāng | 몡 공장 측 | 168 |
| 厂家 chǎngjiā | 몡 공장, 제조업자 | 70 |
| 超过 chāoguò | 동 초월하다, 넘다 | 156 |
| 成大事者不惜小费 chéng dàshì zhě bùxī xiǎofèi 큰일을 하는 사람은 작은 돈에 연연하지 않는다 | | 200 |
| 成交 chéngjiāo | 동 거래가 성립하다, 매매가 성립되다 | 124 |
| 成交价格 chéngjiāo jiàgé | 몡 거래 가격 | 114 |
| 成交量 chéngjiāoliàng | 몡 거래량 | 92 |
| 成品 chéngpǐn | 몡 완제품 | 26 |
| 承担 chéngdān | 동 부담하다 | 200 |
| 承兑交单 chéngduì jiāodān | 몡 D/A, 인수도 조건 | 156 |
| 诚意 chéngyì | 몡 성의 | 124 |
| 城市燃气 chéngshì rǎnqì | 몡 도시가스 | 96 |
| 吃不消 chībuxiāo | 동 견딜 수 없다 | 168 |
| 吃得惯 chī de guàn | 습관이 되어 먹을 만하다 | 36 |
| 尺寸不当 chǐcun bú dàng | 사이즈 불량 | 200 |
| 重新 chóngxīn | 동 새로, 다시 | 26 |
| 出厂 chūchǎng | 동 출고하다 | 136 |
| 出价 chūjià | 동 (구매자가) 가격을 제시하다, 가격을 내다 | 124 |
| 除非 chúfēi | 전 ~를 제외하고는 | 156 |
| 除了……以外，还…… chúle……yǐwài, hái…… ~이외에, 또 | | 26 |
| 处理 chǔlǐ | 동 처리하다 | 26 |
| 传 chuán | 동 전하다 | 114 |
| 创意 chuàngyì | 동 독창적인 의견을 제시하다 | 168 |
| 创造 chuàngzào | 동 창조하다, 만들다 | 119 |
| CIF价格 CIF jiàgé | CIF 가격 | 114 |
| 从来 cónglái | 부 한 번도, 이제껏 | 16 |
| 存 cún | 동 존재하다, 저장하다 | 48 |
| 错误 cuòwù | 몡 실수, 잘못 | 48 |

## D

| 答应 dāying | 동 대답하다 | 146 |
| 答复 dáfù | 동 답변하다, 회답하다 | 48 |
| 达 dá | 동 ~에 이르다 | 200 |
| 打……包装 dǎ……bāozhuāng 포장을 하다 | | 168 |
| 打招呼 dǎ zhāohu | (사전에) 알리다, 통지하다 | 140 |
| 大部分 dàbùfen | 몡 대부분 | 102 |
| 大力 dàlì | 부 강력하게, 힘껏 | 146 |
| 代替 dàitì | 동 대체하다 | 70 |
| 担心 dānxīn | 동 걱정하다 | 178 |
| 当面 dāngmiàn | 부 그 자리에서, 대놓고 | 194 |
| 当外人 dāng wàirén 남으로 생각하다 | | 36 |
| 到岸价格 dào'àn jiàgé 운임 보험료 포함 가격, CIF 가격 | | 124 |
| 到底 dàodǐ | 부 도대체 | 48 |
| 到齐 dàoqí | 동 모두 도착하다, 다 오다 | 80 |
| 倒 dào | 부 오히려 | 136 |
| 登陆 dēnglù | 동 상륙하다 | 182 |
| 低迷 dīmí | 형 불경기이다, 불황이다 | 80 |
| 抵达 dǐdá | 동 도착하다 | 182 |
| 底 dǐ | 몡 밑, 바닥, (한 해와 한 달의) 말(末) | 146 |
| 地毯 dìtǎn | 몡 카펫 | 92 |
| 第二天 dì-èr tiān | 이튿날 | 200 |
| 电汇 diànhuì | 몡 T/T, 전신환 송금 | 156 |
| 订单 dìngdān | 몡 주문서, 주문 명세서 | 16 |
| 订购 dìnggòu | 동 주문하다 | 114 |
| 订货 dìnghuò | 동 주문하다, 발주하다 | 114 |
| 对……来说 duì……láishuō ~에게 있어서는 | | 70 |
| 对于 duìyú | 전 ~에 대해서 | 190 |

# 찾아보기

## F

| 发出 fāchū | 동 (화물·우편물을) 발송하다, 보내다 | 146 |
| 发盘 fāpán | 명 오퍼 동 오퍼를 내다 | 114 |
| 发生 fāshēng | 동 발생하다 | 136 |
| 发展前景 fāzhǎn qiánjǐng | 발전성, 비전 | 182 |
| 翻译 fānyì | 명 번역가, 통역가 동 통역하다 | 16 |
| 反对 fǎnduì | 동 반대하다 | 190 |
| 反腐败 fǎn fǔbài | 동 부패에 맞서다 | 194 |
| 反省 fǎnxǐng | 동 반성하다 | 195 |
| 反正 fǎnzhèng | 부 어쨌든 | 114 |
| 犯 fàn | 동 범하다 | 48 |
| 放弃 fàngqì | 동 포기하다 | 128 |
| 非……不可 fēi……bùkě | 반드시 ~해야 한다 | 16 |
| 费用 fèiyòng | 명 비용 | 92 |
| 分批发货 fēnpī fāhuò | 분할 선적하다 | 146 |
| 分批装运 fēnpī zhuāngyùn | 분할 선적 | 178 |
| 吩咐 fēnfù | 동 분부하다, 시키다 | 58 |
| 丰盛 fēngshèng | 형 융숭하다, 성대하다 | 36 |
| 风趣 fēngqù | 형 유머러스하다, 해학적이다 | 97 |
| 风险 fēngxiǎn | 명 위험, 모험 | 172 |
| 封口 fēngkǒu | 동 봉하다, 막다 | 168 |
| FOB价格 FOB jiàgé | FOB 가격 | 114 |
| 符合 fúhé | 동 부합하다, 일치하다 | 85 |
| 福气 fúqi | 명 복 | 16 |
| 付款交单 fùkuǎn jiāodān | 명 D/P, 지급 인도 조건 | 156 |
| 付款条件 fùkuǎn tiáojiàn | 명 지불 조건 | 58 |
| 负担 fùdān | 동 부담하다 | 178 |
| 副本 fùběn | 명 사본 | 178 |

## G

| 港 gǎng | 명 항구 | 178 |
| 高涨 gāozhǎng | 동 가격이 급등하다 | 173 |
| 更加 gèngjiā | 부 더욱더, 훨씬 | 114 |
| 工 gōng | 명 기술자, 엔지니어 | 107 |
| 供不应求 gōng bù yìng qiú | 공급이 수요에 못 미치다 | 136 |
| 宫廷料理 gōngtíng liàolǐ | 궁중 요리 | 36 |
| 够呛 gòuqiàng | 형 대단하다, 힘들다 | 136 |
| 估计 gūjì | 동 추측하다, 예측하다 | 80 |
| 估计价格 gūjì jiàgé | 명 견적 가격 | 114 |
| 顾 gù | 동 정신을 집중하다 | 84 |
| 顾虑 gùlǜ | 동 걱정하다, 주저하다 | 53 |
| 关键 guānjiàn | 명 관건, 키포인트 | 80 |
| 观点 guāndiǎn | 명 관점, 견해 | 26 |
| 光 guāng | 부 오로지, 단지 | 80 |
| 光顾 guānggù | 동 찾아 주시다, 보살피다 | 102 |
| 规格 guīgé | 명 규격 | 190 |
| 国际服装展 guójì fúzhuāngzhǎn | 국제 의류 전시 | 92 |
| 国内经济 guónèi jīngjì | 국내 경제 | 80 |
| 果然 guǒrán | 부 과연, 아니나 다를까 | 200 |
| 过分 guòfèn | 형 지나치다 | 16 |

## H

| 海归 hǎiguī | 해외에서 유학을 하거나 일을 하다가 돌아온 사람 | 80 |
| 海运提单 hǎiyùn tídān | 명 B/L, 선하 증권 | 178 |
| 喊 hǎn | 동 소리치다, 외치다 | 151 |
| 豪爽 háoshuǎng | 형 솔직하고 호방하다 | 26 |
| 好说 hǎoshuō | 동 걱정할 필요 없다, 문제없다 | 102 |
| 呵呵 hēhē | 의성 하하 | 52 |

| 合格 hégé | 형 합격하다 | 200 |
| --- | --- | --- |
| 合理 hélǐ | 형 합리적이다 | 114 |
| 合同 hétong | 명 계약서 | 124 |
| 环保 huánbǎo | 명 환경 보호 | 182 |
| 回复 huífù | 동 회신하다, 답신하다 | 114 |
| 汇率 huìlǜ | 명 환율 | 114 |
| 婚纱 hūnshā | 명 웨딩드레스 | 70 |
| 或 huò | 접 혹은, 그렇지 않으면 | 156 |
| 货量 huòliàng | 명 물량 | 178 |
| 货运公司 huòyùn gōngsī | 명 포워딩(Forwarding) 업체 | 178 |

## J

| 基础 jīchǔ | 명 기초 | 124 |
| --- | --- | --- |
| 及时 jíshí | 명 제때에 | 48 |
| 极为 jíwéi | 부 아주, 대단히 | 200 |
| 急着 jízhe | 서둘러 ~하다 | 200 |
| 集装箱 jízhuāngxiāng | 명 컨테이너 | 168 |
| 计划不如变化快 jìhuà bùrú biànhuà kuài | 계획이 변화를 따라가지 못하다 | 136 |
| 季节性 jìjiéxìng | 명 계절성 | 146 |
| 加工 jiāgōng | 동 가공하다 | 26 |
| 加紧 jiājǐn | 동 속도를 내다 | 62 |
| 坚持 jiānchí | 동 견지하다, 밀고 나가다 | 124 |
| 简易桌 jiǎnyìzhuō | 명 간이 탁자 | 92 |
| 将 jiāng | 부 장차 ~하게 될 것이다 | 124 |
| 降 jiàng | 동 내리다, 낮추다 | 124 |
| 交货 jiāohuò | 동 납품하다 | 26 |
| 交货期 jiāohuòqī | 명 물품 인도 기일 | 146 |
| 胶带 jiāodài | 명 테이프 | 168 |
| 结实 jiēshi | 형 견고하다, 단단하다 | 168 |
| 接受 jiēshòu | 동 받아들이다, 수락하다 | 80 |
| 节 jié | 명 축제일 | 96 |

| 节能 jiénéng | 동 에너지를 절약하다 | 160 |
| --- | --- | --- |
| 结束 jiéshù | 동 끝나다 | 102 |
| 截止日期 jiézhǐ rìqī 마감 시간 | | 92 |
| 解决 jiějué | 동 해결하다 | 62 |
| 届 jiè | 양 회 | 92 |
| 今天的质量，是明天的市场 jīntiān de zhìliàng, shì míngtiān de shìchǎng 오늘의 품질이 내일의 시장이다 | | 136 |
| 金融危机 jīnróng wēijī 명 금융 위기 | | 161 |
| 尽管 jǐnguǎn | 부 얼마든지, 마음대로 | 58 |
| 尽快 jǐnkuài | 부 되도록 빨리 | 58 |
| 尽早 jǐnzǎo | 부 되도록 일찍 | 114 |
| 紧身牛仔裤 jǐnshēn niúzǎikù 명 스키니 진 | | 136 |
| 经过 jīngguò | 전 ~를 통해, ~를 경유하다 | 200 |
| 精力 jīnglì | 명 정력, 에너지 | 194 |
| 警告标志 jǐnggào biāozhì 경고 표시 | | 168 |
| 竞争力 jìngzhēnglì | 명 경쟁력 | 114 |
| 静候佳音 jìnghòu jiāyīn 조용히 희소식을 기다리다 | | 58 |
| 举办 jǔbàn | 동 거행하다 | 96 |
| 具体 jùtǐ | 형 구체적이다 | 26 |
| 具有 jùyǒu | 동 가지고 있다, 구비하다 | 26 |

## K

| 开口 kāikǒu | 동 말을 하다 | 63 |
| --- | --- | --- |
| 开立 kāilì | 동 개설하다 | 156 |
| 开展 kāizhǎn | 동 전시회가 열리다 | 92 |
| 考虑 kǎolǜ | 동 고려하다, 생각하다 | 80 |
| 可能 kěnéng | 부 아마, 혹시 명 가능성, 가망 형 가능하다 | 146, 200 |
| 恐怕 kǒngpà | 부 아마 ~일 것이다 | 16 |
| 口语 kǒuyǔ | 명 구어 | 36 |
| 苦衷 kǔzhōng | 명 고충 | 200 |

# 찾아보기

| 困难 kùnnan | 몡 어려움 톙 곤란하다 | 26 |

## L

| 垃圾桶 lājītǒng | 몡 휴지통 | 92 |
| 垃圾邮箱 lājī yóuxiāng | 몡 스팸 메일함 | 48 |
| 老百姓 lǎobǎixìng | 몡 서민 | 173 |
| 老客户 lǎo kèhù | 오래된 바이어, 단골 거래처 | 146 |
| 类似于 lèisìyú | ~와 비슷하다 | 36 |
| 离岸价格 lí'àn jiàgé | 본선 인도 가격, FOB 가격 | 124 |
| 理解 lǐjiě | 통 이해하다 | 16 |
| 理念 lǐniàn | 몡 이념 | 31 |
| 连……都 lián……dōu | ~조차도 | 124 |
| 临时 línshí | 톙 잠시의, 일시적인 |  |
|  | 🖺 그때가 되어 | 195 |
| 另 lìng | 🖺 별도로, 달리 | 124 |
| 另外 lìngwài | 젭 그 밖에 🖺 별도로 떼 다른 | 200 |

## M

| 唛头 màtóu | 몡 화인, 마크, 라벨 | 168 |
| 买卖 mǎimai | 몡 교역, 거래, 매매, 장사 | 124 |
| 买卖不成情义在 mǎimai bù chéng qíngyì zài |  |  |
|  | 거래는 성사되지 않더라도, 친구로는 남을 수 있다 | 124 |
| 卖方 màifāng | 몡 매도인 | 128 |
| 蛮 mán | 🖺 매우, 아주 | 92 |
| 满汉全席 Mǎn Hàn quánxí 만한취안시 | 36 |
| 楣板 méibǎn | 몡 간판 | 92 |
| 美丽长存 měilì chángcún |  |  |
|  | 오래오래 젊음을 유지하다 | 36 |
| 免得 miǎnde | 젭 ~하지 않도록 | 168 |
| 面积 miànjī | 몡 면적 | 92 |
| 面料 miànliào | 몡 원단 | 114 |
| 面试官 miànshìguān 몡 면접관 | 107 |

| 名称 míngchēng | 몡 명칭 | 92 |
| 明白 míngbai | 톙 명백하다 | 48 |
| 模糊 móhu | 톙 모호하다, 분명치 않다 | 58 |
| 莫大 mòdà | 톙 막대하다, 더없이 크다 | 200 |
| 目的港 mùdìgǎng | 몡 도착항 | 128 |

## N

| 那也行 nà yě xíng | 그래도 된다 | 58 |
| 难得 nándé | 톙 ~하기 어렵다 | 16 |
| 难度 nándù | 몡 어려운 정도, 난이도 | 146 |
| 难免 nánmiǎn | 톙 피하기 힘들다 | 48 |
| 难以 nányǐ | 🖺 ~하기 어렵다 | 106, 114 |
| 内容 nèiróng | 몡 내용 | 48 |
| 内销 nèixiāo | 통 국내 판매를 하다 | 102 |
| 能够 nénggòu | 조동 ~할 수 있다 | 58 |
| 年产量 nián chǎnliàng 연 생산량 | 102 |

## P

| 泡汤 pàotāng | 통 물거품이 되다, |  |
|  | 수포로 돌아가다 | 136 |
| 赔偿 péicháng | 통 배상하다, 보상하다 | 200 |
| 配合 pèihé | 통 협조하다, 서로 잘 맞다 | 146 |
| 碰到 pèngdào | 통 만나다, 봉착하다 | 63 |
| 批 pī | 양 다량의 물건이나 다수의 |  |
|  | 사람을 세는 단위 | 26 |
| 偏 piān | 톙 치우치다, 편향되다 |  |
|  | 통 차이가 나다 | 114 |
| 品名 pǐnmíng | 몡 품명 | 190 |
| 平方米 píngfāngmǐ | 양 제곱미터(㎡) | 92 |
| 评价 píngjià | 통 평가하다 | 102 |

## Q

| | | | |
|---|---|---|---|
| 其他 qítā | 대 기타, 다른 사람 | | 80 |
| 其中 qízhōng | 대 그중에, 그 안에 | | 80 |
| 起订量 qǐdìngliàng | 명 최저 주문량 | | 136 |
| 气魄 qìpò | 명 기백, 기세 | | 200 |
| 迄今为止 qìjīn wéizhǐ | 지금까지 | | 97 |
| 千万 qiānwàn | 부 제발, 부디 | | 200 |
| 签 qiān | 동 서명하다, 사인하다 | | 124 |
| 签字 qiānzì | 동 서명하다, 사인하다 | | 190 |
| 切勿倒置 qiè wù dàozhì | 절대 뒤집히지 않도록 하시오 | | 168 |
| 情形 qíngxing | 명 상황, 정황 | | 118 |
| 请笑纳! Qǐng xiàonà! | 부디 받아 주세요! | | 36 |
| 区区 qūqū | 형 시시하다, 보잘것없다 | | 74 |
| 去你的 qù nǐ de | 됐어!, 저리 개 | | 168 |
| 全部 quánbù | 명 전부 | | 146 |
| 全力以赴 quán lì yǐ fù | 성 최선을 다하다 | | 80 |
| 确实 quèshí | 형 확실하다 부 확실히 | | 36 |

## R

| | | |
|---|---|---|
| 染 rǎn | 동 염색하다 | 70 |
| 让 ràng | 동 양보하다 | 124 |
| 让步 ràngbù | 동 양보하다 | 168 |
| 任 rèn | 접 ~일지라도 | 106 |
| 任何 rènhé | 대 어떠한 | 168 |
| 荣幸 róngxìng | 형 매우 영광스럽다 | 124 |

## S

| | | |
|---|---|---|
| 善良 shànliáng | 형 착하다 | 96 |
| 商业发票 shāngyè fāpiào | 명 인보이스(Commercial Invoice), 상업 송장 | 178 |
| 商业区 shāngyèqū | 명 상업 지구, 쇼핑가 | 36 |
| 上去 shàngqu | 첨가하다, 더하다 | 58 |
| 上涨 shàngzhǎng | 동 물가가 오르다 | 114 |
| 设计 shèjì | 명 디자인 동 디자인하다 | 102 |
| 设施 shèshī | 명 시설 | 92 |
| 射灯 shèdēng | 명 스포트라이트 | 92 |
| 慎重 shènzhòng | 형 신중하다 | 80 |
| 生意红火腾腾起，财运亨通步步高 shēngyi hónghuǒ ténngténg qǐ, cáiyùn hēngtōng bùbùgāo 사업이 번창하고, 재물이 날로 늘어나다 | | 36 |
| 失陪 shīpéi | 동 먼저 실례하겠습니다 | 190 |
| 收到 shōudào | 동 받다 | 48 |
| 收下 shōuxià | 동 받다 | 36 |
| 输送 shūsòng | 동 전송하다, 수송하다 | 160 |
| 属于 shǔyú | 동 ~에 속하다 | 36 |
| 树立 shùlì | 동 수립하다 | 31 |
| 恕 shù | 동 용서하다 | 195 |
| 说实在的 shuō shízài de | 솔직히 말해서 | 70 |
| 丝绸女衫 sīchóu nǚshān | 명 실크 블라우스 | 136 |
| 四绝 sì jué | 4대 경관(소나무, 괴석, 운해, 온천을 말함) | 107 |
| 俗话 súhuà | 명 속담 | 136 |
| 塑料袋 sùliàodài | 명 비닐 커버, 비닐봉지 | 168 |
| 损失 sǔnshī | 명 손실, 손해 동 손실을 입다, 손해를 보다 | 200 |
| 所 suǒ | 조 '有+所+동사' 형식으로 쓰여 '약간'의 뜻을 나타냄 | 136 |
| 所有 suǒyǒu | 형 모든, 전부의 | 190 |
| 索赔 suǒpéi | 동 배상하다, 클레임을 요구하다 | 190 |

## T

| | | |
|---|---|---|
| 贪便宜 tān piányi | 싼 물건을 좋아하다 | 84 |

# 찾아보기

| 特殊 tèshū | 형 특수하다 | 146 |
| 提前 tíqián | 동 예정된 시간을 앞당기다 | 146 |
| 提早 tízǎo | 동 시간을 앞당기다 | 92 |
| 体会 tǐhuì | 동 체득하다 | 92 |
| 条款 tiáokuǎn | 명 조항 | 190 |
| 调整 tiáozhěng | 동 조정하다 | 114 |
| 铁 tiě | 형 관계가 긴밀하다, 단단하다 | 85 |
| 通关 tōngguān | 동 통관하다 | 178 |
| 通融 tōngróng | 동 융통성을 발휘하다 | 156 |
| 同意 tóngyì | 동 동의하다 | 26 |
| 偷税漏税 tōushuì lòushuì 세금 포탈 | | 97 |
| 投放 tóufàng | 동 공급하다, 출하하다 | 26 |
| 投诉 tóusù | 동 신고하다, 불평하다 | 129 |
| 突如其来 tū rú qí lái | 성 갑자기 발생하다 | 106 |
| 土特产 tǔtèchǎn | 명 특산물 | 40 |
| 推出 tuīchū | 동 출시하다 | 119 |

## W

| 瓦楞硬纸板 wǎléng yìngzhǐbǎn | | |
| | 명 골판지 | 168 |
| 外包装 wàibāozhuāng | 명 겉포장 | 168 |
| 外观 wàiguān | 명 외관, 겉모습 | 75 |
| 外箱 wàixiāng | 명 아웃 박스 | 168 |
| 晚餐 wǎncān | 명 저녁 식사 | 36 |
| 晚点 wǎndiǎn | 동 연착하다 | 20 |
| 为止 wéizhǐ | 동 ~까지 마감하다 | 92 |
| 委托 wěituō | 동 위탁하다, 위임하다 | 178 |
| 稳定 wěndìng | 형 안정되다 | 114 |
| 我哪儿敢啊! Wǒ nǎr gǎn a! | | |
| | 제가 어찌 그럴 수 있겠어요! | 36 |
| 我说呢 wǒ shuō ne | 그러면 그렇지, 내가 뭐랬어 | 48 |
| 无法 wúfǎ | 동 ~할 수 없다 | 124 |

## X

| 吸引 xīyǐn | 동 흡인하다, 매료시키다 | 102 |
| 下订单 xià dìngdān | 발주하다, 주문을 내다 | 146 |
| 下面 xiàmian | 명 다음, 이제 | 178 |
| 吓 xià | 동 무서워하다, 놀라다 | 200 |
| 先进设备 xiānjìn shèbèi | 명 선진적인 설비 | 26 |
| 相当 xiāngdāng | 부 상당히 | 26 |
| 享用 xiǎngyòng | 동 누리다, 즐기다 | 36 |
| 项目 xiàngmù | 명 프로젝트 | 62 |
| 小意思 xiǎoyìsi | 명 작은 성의 | 36 |
| 效果图 xiàoguǒtú | 명 시안 | 168 |
| 携带 xiédài | 동 휴대하다 | 118 |
| 新颖 xīnyǐng | 형 새롭다, 참신하다 | 102 |
| 信用证 xìnyòngzhèng | 명 신용장 | 156 |
| 型号 xínghào | 명 모델, 사이즈, 타입 | 58 |
| 幸亏 xìngkuī | 부 다행히 | 53 |
| 熊市 xióngshì | 명 (주식 시장의) 하락장 | 20 |
| 修改 xiūgǎi | 동 고치다, 수정하다 | 190 |
| 悬 xuán | 동 걸다, 매달다, 위험하다 | 136 |
| 悬挂式包装 xuánguàshì bāozhuāng | | |
| | 옷걸이에 걸어 포장하는 방법 | 168 |
| 询价单 xúnjiàdān | 명 인콰이어리(inquiry) | 58 |

## Y

| 呀 yā | 감탄 어머나 | 48 |
| 严重 yánzhòng | 형 심각하다 | 200 |
| 样本 yàngběn | 명 견본, 샘플 | 26 |
| 样品申请单 yàngpǐn shēnqǐngdān | | |
| | 명 샘플 신청서 | 102 |
| 要不然 yàoburán | 그렇지 않으면 | 156 |
| 要事在身 yàoshì zàishēn 중요한 일이 있다 | | 195 |

| 一般来说 yìbān láishuō | | 일반적으로, 상식적으로 | 168 |
| --- | --- | --- | --- |
| 一边……一边…… yìbiān……yìbiān…… | | | |
| | | ~하면서 ~하다 | 70 |
| 一旦 yídàn | 부 | 일단(만약) ~한다면 | 124 |
| 一个一个地 yí ge yí ge de | | 하나씩 하나씩 | 200 |
| 一路上 yílù shang | | 일정 내내, 여정 내내 | 16 |
| 一如既往 yì rú jì wǎng | | 지난날과 다름없다 | 146 |
| 一致 yízhì | 형 | 일치하다 | 190 |
| 衣架 yījià | 명 | 옷걸이 | 168 |
| 遗憾 yíhàn | 동 | 유감이다, 섭섭하다, 아쉽다 | 141 |
| 疑心 yíxīn | 명 | 의심 | 129 |
| 以便 yǐbiàn | 접 | ~하기에 쉽도록 | 179 |
| 以……为…… yǐ……wéi…… | | | |
| | | ~를 ~로 삼다(여기다) | 26 |
| 以为 yǐwéi | 동 | ~라고 여기다 | 48 |
| 义务劳动 yìwù láodòng | | | |
| | 명 | 의무 노동, 무보수 노동 | 194 |
| 意见 yìjiàn | 명 | 의견, 견해, 불만 | 190 |
| 意外 yìwài | | 뜻하지 않은 사고 | 178 |
| 因为……而…… yīnwèi……ér…… | | | |
| | | ~때문에 ~하다 | 200 |
| 引起 yǐnqǐ | 동 | 야기하다, 불러일으키다 | 190 |
| 印花不匀 yìnhuā bù yún | | 프린트 불량 | 200 |
| 印象 yìnxiàng | 명 | 인상, 느낌 | 102 |
| 影响 yǐngxiǎng | 동 | 영향을 미치다 | 156 |
| 硬纸板 yìngzhǐbǎn | 명 | 판지 | 168 |
| 优惠 yōuhuì | 형 | 우대의, 특혜의 | 92 |
| 由 yóu | 전 | ~로 하여금, ~가 | 178 |
| 由此 yóucǐ | 접 | 이리하여, 이로 인해 | 190 |
| 有朋自远方来，不亦乐乎? | | | |
| | Yǒu péng zì yuǎn fāng lái, bú yì lè hū? | | |
| | 벗이 먼 곳에서 찾아 오니, 이 또한 기쁘지 아니한가? | | 36 |
| 有效 yǒuxiào | 동 | 유효하다, 효과가 있다 | 156 |
| 有效期 yǒuxiàoqī | 명 | 유효 기간 | 114 |
| 余款 yúkuǎn | 명 | 잔금, 잔고 | 92 |
| 预订 yùdìng | 동 | 예약하다 | 16 |
| 预付 yùfù | 동 | 선불하다, 예납하다 | 92 |
| 原来 yuánlái | 형 | 원래의, 본래의 | 58 |
| 原谅 yuánliàng | 동 | 이해하다, 양해하다, 용서하다 | 16 |
| 原则 yuánzé | 명 | 원칙 | 136 |
| 月份 yuèfèn | 명 | 달 | 92 |
| 允许 yǔnxǔ | 동 | 허락하다 | 160 |
| 运费 yùnfèi | 명 | 운송비, 운임 | 200 |
| 运输费用 yùnshū fèiyòng | 명 | 운수 비용, 운송비 | 178 |

## Z

| 灾难 zāinàn | 명 | 재난 | 106 |
| --- | --- | --- | --- |
| 在……内 zài……nèi | | ~내에 | 156 |
| 在内 zàinèi | 동 | 포함하다, 내포하다 | 20 |
| 早晚 zǎowǎn | 부 | 언젠가는, 결국에는 | 41 |
| 造成 zàochéng | 동 | 초래하다, 만들다 | 200 |
| 责任 zérèn | 명 | 책임 | 200 |
| 增大 zēngdà | 동 | 확대하다, 늘리다 | 136 |
| 展会 zhǎnhuì | 명 | 전시회 | 92 |
| 展区 zhǎnqū | 명 | 전시 구역 | 102 |
| 战场 zhànchǎng | 명 | 전장, 전쟁터 | 136 |
| 招待 zhāodài | 동 | 대접하다, 접대하다 | 20 |
| 招待不周 zhāodài bùzhōu | | 대접이 변변치 못하다 | 36 |
| 招聘会 zhāopìnhuì | 명 | 채용 박람회 | 84 |
| 折叠 zhédié | 동 | 개다, 접다 | 168 |
| 珍惜 zhēnxī | 동 | 소중히 여기다 | 124 |
| 争取 zhēngqǔ | 동 | ~하려고 힘쓰다, 얻어 내다 | 58 |
| 整容手术 zhěngróng shǒushù | | 성형 수술 | 36 |
| 整整 zhěngzhěng | 부 | 꼬박, 온전히 | 150 |
| 挣 zhèng | 동 | 벌다 | 141 |
| 支持 zhīchí | 동 | 지원하다, 후원하다 | 146 |
| 支付方式 zhīfù fāngshì | 명 | 지불 방식 | 156 |

# 찾아보기

| | | |
|---|---|---|
| 知名度 zhīmíngdù | 명 지명도 | 92 |
| 直说 zhíshuō | 동 직설하다, 솔직히 말하다 | 70 |
| 只好 zhǐhǎo | 부 부득이, ~할 수밖에 없다 | 124 |
| 只能 zhǐnéng | 동 ~할 수밖에 없다 | 36 |
| 只要 zhǐyào | 접 ~하기만 하면 | 172 |
| 指出 zhǐchū | 동 지적하다 | 190 |
| 指示 zhǐshì | 명 지시 동 지시하다 | 168 |
| 滞销 zhìxiāo | 동 적체되다 | 146 |
| 中旬 zhōngxún | 명 중순 | 146 |
| 重要 zhòngyào | 형 중요하다 | 70 |
| 皱 zhòu | 동 구겨지다, 찡그리다 | 200 |
| 逐渐 zhújiàn | 부 점점, 점차 | 136 |
| 主办 zhǔbàn | 동 주관하다, 주최하다 | 92 |
| 主任 zhǔrèn | 명 주임, 장 | 30 |
| 注意 zhùyì | 동 주의하다 | 140 |
| 注意防潮 zhùyì fángcháo | 방습 주의 | 168 |
| 注意防火 zhùyì fánghuǒ | 방화 주의 | 168 |
| 著名 zhùmíng | 형 유명하다 | 36 |
| 专门 zhuānmén | 부 특별히, 일부러 | 36 |
| 转 zhuǎn | 동 바뀌다 | 140 |
| 转告 zhuǎngào | 동 전해 주다 | 168 |
| 转让 zhuǎnràng | 동 양도하다 | 156 |
| 装船 zhuāngchuán | 동 선적하다 | 156 |
| 装箱单 zhuāngxiāngdān | 명 포장 명세서(Packing List) | 178 |
| 装运 zhuāngyùn | 동 선적하다, 실어나르다 | 156 |
| 装运港 zhuāngyùngǎng | 명 선적항 | 128 |
| 仔细 zǐxì | 형 자세하다, 세심하다, 꼼꼼하다 | 80 |
| 自然 zìrán | 형 자연의, 당연하다 | 114 |
| 宗旨 zōngzhǐ | 명 사훈 | 31 |
| 总得 zǒngděi | 조 어쨌든, 반드시 | 146 |
| 座右铭 zuòyòumíng | 명 좌우명 | 200 |
| 做工 zuògōng | 명 솜씨, 기술 | 80 |

## 고유명사

| | | |
|---|---|---|
| 奥德莉服装有限公司 Àodélì Fúzhāng Yǒuxiàn Gōngsī | 고유 오드리어패럴 | 102 |
| 郭 Guō | 고유 곽(성씨) | 21 |
| 黄山 HuángShān | 고유 황산 | 107 |
| 明洞 Míngdòng | 고유 명동 | 36 |
| 南京路 Nánjīng Lù | 고유 (상하이의) 난징루 | 36 |
| 宁波 Níngbō | 고유 닝보(영파) | 178 |
| 欧美 ŌuMěi | 고유 유럽과 미주 | 102 |
| 上海国际展览中心 Shànghǎi Guójì Zhǎnlǎn Zhōngxīn | 고유 상하이 국제 전시 센터 | 92 |
| 唐丽丽 Táng Lìlì | 고유 탕리리(당려려)(인명) | 92 |
| 唐美 Táng Měi | 고유 탕메이(인명) | 102 |
| 烟台 Yāntái | 고유 옌타이 | 80 |
| 中国服装协会 Zhōngguó Fúzhāng Xiéhuì | 고유 중국 의류 협회 | 92 |
| 周丽君 Zhōu Lìjūn | 고유 저우리쥔(주려군)(인명) | 16 |

맛있는 중국어 HSK 시리즈

# THE 맛있게
# THE 쉽게 즐기세요!

시작에서 합격까지 4주 완성!

박수진 저 | 19,500원

## 기본서, 해설집, 모의고사 All In One 구성

| 한눈에 보이는 공략 | 간략하고 명쾌한 | 실전에 강한 | |
|---|---|---|---|
|  |  |  |  |
| 기본서 | 해설집 | 모의고사 | 필수단어 300 |

박수진 저 | 22,500원

왕수인 저 | 23,500원

장영미 저 | 24,500원

JRC 중국어연구소 저 | 25,500원

# 맛있는스쿨

## THE 강력해진
## FULL PACK 시리즈로
## 돌아왔다!

영어 인강 신규 론칭!

[ 맛있는스쿨 🔍 ]

**회원 가입만 하면 누구나 72시간 전 강좌 무료 수강!**

| 영어<br>전 강좌<br>FULL PACK | 중국어<br>전 강좌<br>FULL PACK | 프리미엄<br>전 외국어<br>FULL PACK |
|---|---|---|
| 토익, 회화, 비즈 등<br>영어 전 강좌 무한 반복 수강 | HSK, 회화, 어린이, 통대 등<br>중국어 전 강좌 무한 반복 수강 | 중국어, 일본어, 베트남어,<br>스페인어 전 강좌 무한 반복 수강 |

www.cyberJRC.com

맛있는중국어와 카카오톡 플러스친구 맺으면 **1만원 할인권** 증정!
 플러스친구

친구 등록하고 실시간 상담 받기
 @맛있는중국어JRC